정치가 **마거릿 대처**

영국 최초의 여성 수상이 되다

정치가 **마거릿 대처** 영국 최초의 여성 수상이 되다

2011년 9월 19일 초판 1쇄 인쇄
2011년 9월 27일 초판 1쇄 발행

글 꼬나 / 그림 투리아트
펴낸이 이철규 / 펴낸곳 북스
편집 김세영 / 편집디자인 박근영 / 마케팅 김종열

편집부 02-336-7634 / 영업부 02-336-7613 / FAX 02-336-7614
전자우편 vooxs2004@naver.com / 등록번호 제 313-2004-00245호 / 등록일자 2004년 10월 18일

주소 서울특별시 광진구 자양4동 52-197번지 2층
값 9,800원
ISBN 978-89-6519-026-4 74800
　　　978-89-6519-007-3 (세트)

잘못된 서적은 구입하신 서점에서 교환하여 드립니다.
이 책은 저작권법에 의해 보호를 받는 저작물이므로 불법 복제와
스캔 등 무단 전재 및 유포·공유를 금합니다.

정치가 마거릿 대처

영국 최초의 여성 수상이 되다

글 꼬나 그림 투리아트

머리말

마거릿 대처, 편견을 이겨 내고 세상에 우뚝 서다

　세상에는 수많은 편견들이 존재한다. 살아가는 동안에 때론 가해자로 때론 피해자의 모습으로 부딪치는 것이 바로 이 편견이다.
　그중에서도 여성은 편견의 중심이 되어 왔다. 신체적인 차이와 오래전부터 이어 온 가치관에서 형성된 이러한 벽은 권력의 정점이었던 정치에서 특히 심했다.
　정치계는 여성이 다가서기 참으로 힘든 곳이지만 마거릿 대처는 그 모든 것을 극복하고 정상에 올랐다. 노력과 성실, 뚝심과 강인함으로 무서운 철조망처럼 둘러친 편견을 부수고 최고의 자리에서 최고의 정치력을 발휘하였다.

　이제 아무도 여성이 약하다고 생각하지 않는다. 또한 능력이 없다고 말하지도 않는다.

그저 습관처럼 생각해 오던 편견이 깨졌기 때문이며 그것을 증명한 사람이 바로 마거릿이다. 그녀가 정치인으로서 걸어온 길은 바로 이 편견과의 싸움에서 승리하는 과정이나 마찬가지라 할 수 있다.

남성보다 여성이 오히려 더 나은 사회와 더 강한 국가를 건설할 수 있다는 사실을 증명한 마거릿 대처! 마거릿의 이야기를 읽으며 그녀의 열정과 투쟁이 조금이라도 여러분에게 전해졌으면 하는 바람이다.

지은이 꼬나

차례

머리말_ 마거릿 대처, 편견을 이겨 내고 세상에 우뚝 서다 6

혜성처럼 등장한 보수당의 새로운 대표 10
스스로 꿈을 키우던 어린 시절 28
정치의 길로 나아가다 44
데니스 대처와의 결혼 54
가자! 빅벤을 향해! 70
떠오르는 샛별, 마거릿 83
Don't panic! 93
여성 최초로 영국의 수상이 되다 109
포클랜드 전쟁 127
다시 일어선 대영제국 140
국제무대의 중심에 선 철의 여인 152
저물어 가는 이 시대의 전설 160
영국을 일으킨 신념의 리더십 171

인물 마주보기 179
마거릿 대처의 생애 184
더 나은 사회를 위해 발로 뛰는 공직자에 대하여 186
살기 좋은 사회를 만드는 정치 이야기 19

혜성처럼 등장한 보수당의 새로운 대표

1974년 겨울, 영국 특유의 우중충한 날씨는 저녁이 되면서 제법 굵은 비가 되어 떨어져 내렸다. 겨울비였다.

템스강을 따라 난 강변로에는 퇴근 시간과 맞물리며 몰려나온 많은 차들로 무척이나 혼잡했다. 이내 주변 차들의 속도가 뚝 떨어졌다. 길게 줄지어 늘어서 있는 자동차들 사이에는 마거릿이 탄 차도 끼어 있었다. 굳은 표정으로 뒷좌석에 앉아 물끄러미 차창에 부딪치는 빗방울을 바라보던 마거릿은 느닷없이 손잡이에 달린 장치를 돌려 차 유리를 내렸다.

우우웅~!

소리를 내며 차 유리가 내려가기 무섭게 마거릿은 창밖을 바라보았다. 기다렸다는 듯이 마거릿의 얼굴 위로 빗방울들이 몰려들었다.

"의원님! 밖이 찹니다. 비를 맞으시는 건 건강에 좋지 않습니다."

마거릿의 차를 몰던 운전사가 창문을 내리는 소리에 깜짝 놀라 말했다.

"괜찮아요. 난 신경 쓰지 말고 운전하세요."

운전사의 말처럼 빗방울은 마치 얼음송곳으로 찌르는 듯 무척이나 차갑고 아프기까지 했다. 덕분에 어지럽게 흩어져 있던 정신이 확 깨어나며 그제야 머릿속이 선명해지는 것 같은 느낌이었다.

무척이나 흥분된 하루였다. 정확히는 보수당 대표 선거의 강력한 후보자였던 키스 조지프가 후보자로 나서는 것을 포기했다는 소식을 들은 오후부터 마거릿의 가슴속은 불이 활활 타오르는 증기기관차처럼 맹렬하게 두근거렸다. 자신에게 기회가 왔음을 직감했고 그 느낌이 마거릿을 요동치게 했던 것이다.

하지만 마거릿은 자신의 표정을 여느 때와 다름없이 침착하게 유지했고 여유로워 보이려고 노력했다. 주위에 있던 그 누구도 마거릿이 그녀의 일생에 있어서 가장 어려운 결단을 내렸다는 것을 알지 못했다.

그 결단은 마거릿이나 그녀가 속한 보수당에 있어서, 더 나아가 그녀의 조국 영국에 있어서도 많은 영향을 미칠 수 있는 무척이나 중대한 일이었다. 하지만 마거릿은 그토록 중요한 결단을 그 누구와도 상의하지 않았다. 그녀를 도와주는 참모들이나 정책 보좌관, 친한 동료 의원들, 무엇보다 그녀에게 있어 제갈량과 같은 위치인 에어리에게조차 의논하지 않았다.

오롯이 마거릿 혼자만의 결단이었고 그렇게 하기까지 시간도 오래 걸리지 않았다. 그것은 그녀가 지닌 특유의 정치적인 직감이었기 때문에 다른 사람들과 의견을 교환하거나 혹은 계산할 수 없는 문제였다.

결단을 내린 마거릿은 아무에게도 이 사실을 알리지 않은 채 곧장 템스 강변에 있는 국회의사당으로 향했다.

하지만 국회의사당에 가까워질수록 마거릿의 머릿속이 점점 복잡해졌다.

'과연 성공할 수 있을까? 만약 실패한다면 어떻게 될까?'

지금 이 꽉 막힌 도로처럼 여러 가지 생각들이 그녀를 답답하게 만들었고, 급기야 유리창을 내려 겨울비에 얼굴을 내밀게 하였던 것이다.

마거릿이 탄 자동차가 템스 강변의 국회의사당에 도착했을 땐 저녁 7시가 넘어 있었다. 마거릿은 국회의사당 내에 위치한 에드워드 히스의 사무실로 곧장 걸음을 옮겼다. 히스는 마거릿이 속한 보수당의 대표였다. 늦은 시간이었지만 미리 전화를 해 두었기에 히스는 자신의 사무실에서 마거릿을 기다리고 있을 터였다.

히스의 사무실로 향하던 마거릿은 문득 히스의 목소리가 떠올랐다. 마거릿의 전화가 무척이나 의외라는 듯한 그의 목소리. 그는 왜 그녀가 자신을 만나려고 하는지 도무지 짐작하지 못하는 눈치였다.

그럴 수밖에 없었다. 지금 마거릿이 꾸고 있는 꿈은 경우에 따라서 실현이 불가능한, 무모하기 그지없는 일일지도 모르기 때문이다.

그녀는 보수당의 대표 선거에 나설 결심을 한 것이다!

"지⋯⋯ 지금 뭐라고 하셨습니까?"

히스가 큰 충격을 받은 듯 멍한 눈으로 되물었다.

"이번 전당대회*에서 당 대표를 뽑는 선거에 후보로 출마할 것이라고 말했습니다!"

13

마거릿은 협상의 여지가 없다는 듯이 단호한 표정으로 자신의 결심을 분명히 했다.

"그게 가능하다고 생각하십니까? 이게 얼마나 무모한 일인지 모르겠냐 이 말입니다!"

히스는 자신의 감정을 숨기려 들지 않았다.

노련한 정치가인 히스는 좀처럼 감정을 드러내는 법이 없었다. 오랜 시간 정치를 하면서 함부로 감정을 드러내는 것이 정치인에게 얼마나 치명적인 단점인지 그는 아주 잘 알고 있었다. 그런 히스가 자신의 감정을 그대로 드러낸다는 것은 그만큼 마거릿의 말이 충격적이란 뜻일 것이다.

"좋습니다! 대처 의원께서도 저희 보수당의 의원이니 대표 선거에 출마할 권리가 있습니다. 그리 결심하셨다면 어쩔 수 없지요. 하나, 그 이후의 결과는 전적으로 대처 의원이 짊어져야 한다는 점을 분명히 아셔야 할 겁니다!"

노련한 정치가답게 히스는 어느새 감정을 추스르고 차분한 어조로 말했다. 하지만 그의 말 속에는 앞으로 벌어질 일에 대한 냉정한 경고가 들어 있었다.

"물론입니다. 제가 한 선택이니만큼 결과에 대해서는 책임을 질 것입니다. 그럼 또 뵙겠습니다."

마거릿이 목례를 하고는 히스의 방을 나섰다.

전당대회 : 정당 내에서 당원을 대표하는 대의원들이 참가하여 전국적으로 개최하는 회의.

"가, 감히……! 대처 따위가 내게 도전을 해? 감히!"

마거릿이 방에서 사라지자 히스는 양 주먹으로 마구 책상을 내려치며 분노를 표출했다.

그랬다! 마거릿이 보수당의 대표 선거에 출마하는 것은 현재 대표인 히스에 대한 도전이었다. 그러나 그건 무모하기 이를 데 없는 도전이었다.

우선 마거릿은 보수당 내에서 지지 세력도 별로 없는 국회의원에 지나지 않았다. 이미 대표로서 막강한 세력을 형성하고 있는 히스와는 상대도 되지 않았다. 또한 마거릿은 여성이었다. 지금껏 영국 의회 역사상 여성이 정당*의 대표로 뽑힌 일은 한 번도 없었다.

게다가 마거릿은 여태껏 중요한 직책을 맡아 본 적이 없어서 그녀의 지도력이 어떤지에 대해 검증된 것이 없었다. 이러한 여러 가지 불리한 조건들을 극복하고 마거릿이 대표로 선출되는 것은 사실상 불가능한 일이었다.

더군다나 문제는 그 이후였다.

만약에 마거릿이 보수당의 대표로 선출되지 못한다면 그녀의 정치 생명은 막대한 타격을 입지 않을 수 없었다. 히스가 자신에게 도전해 온 마거릿을 그냥 두지 않을 것이 뻔했기 때문이었다. 선거에 출마할 당원을 공식적으로 추천하는 공천에서 밀리게 될 게 뻔했고 공천을 얻지 못

정당: 정치적 이상이 같은 사람들이 모인 단체. 20세기 동안 영국은 노동당과 보수당이 권력의 중심이 되어 나라를 이끌었다. 노동당은 노동자를 비롯한 가난한 사람들을 위한 정책을 펴고, 보수당은 비교적 잘사는 중산층을 위해 일을 한다. 노동당은 실업자에게 취업훈련을 시켜 주거나 어려운 사람들에게 경제적 도움을 주지만 나라의 경제 발전에는 많은 도움이 되지 않는다. 반면, 보수당은 국민의 세금을 줄여 주고 경제를 활성화시키지만 가난한 사람을 위한 정책은 열악하다.

하면 다음 하원 의원 선거에도 나갈 수 없게 될 것이다. 사실상 정치인으로서 생명이 끝나는 셈이었다.

마거릿은 실로 엄청난 모험에 뛰어든 것이다.

"예엣? 그게 정말입니까? 어떻게 그런 중요한 일을 한마디 상의도 없이!"
"이건 너무 무모한 결정입니다. 지금이라도 철회하는 게 좋을 겁니다."
"도무지 승산이 없습니다. 대표 선거라니요? 분명 히스가 가만있지 않을 겁니다."

예상했던 대로 마거릿의 참모*들과 보좌관*들은 그녀의 결정이 무모하다고 생각했다. 저마다 무척 우려하는 표정으로 그녀의 마음을 돌려놓기 위한 주장들을 쏟아 내었다.

그중에 한 사람, 에어리 니브만이 아무런 말도 아무런 감정도 드러내지 않고 묵묵히 앉아 있었다. 마거릿은 아무런 말도 하지 않는 에어리의 생각이 궁금했다. 반대하는 다른 참모들과 같은 생각인지, 아니면 자신과 같은 생각인지…….

만약에 에어리마저 반대를 한다면 자신의 결정을 다시 생각해 볼 용의가 있을 정도로 마거릿은 에어리를 신뢰하였다.

에어리는 원래 히스의 사람이었다. 2차 세계 대전 중 정보 장교로서 많은 공을 세웠던 그는 당시의 사건들이 영화로도 만들어져 영국 사람들에게 많은 인기를 얻기도 했다. 그렇게 높은 인기를 바탕으로 의원에

참모 : 윗사람을 도와 일을 돕는 동료나 부하 직원.
보좌관 : 윗사람을 돕는 일을 맡은 관리.

당선되었고 장래 보수당의 지도자로까지 촉망받았지만 몇 년 후 심장 발작으로 쓰러지게 되었다.

이 소식을 들은 히스는 냉정하게 말했다.

"이것으로 자네의 정치 생명은 끝이네."

그 이후 에어리는 '반反히스 파'로 돌아서 마거릿을 선택했는데 이것이 에어리를 아는 주변 사람들에게는 무척이나 의아한 일이었다.

당시 마거릿은 거물도 아니었고 어찌 보면 에어리보다도 훨씬 신출내기라 할 수 있었다. 하지만 에어리는 마거릿에게서 정치적으로 비상한 자질과 능력, 지도자로서의 충분한 역량이 숨어 있음을 알아차렸다. 언젠가 때가 되면 충분히 히스에 대적할 만한 상대라고 생각했다.

그것이 에어리가 마거릿을 자신의 리더로 삼은 이유였다.

"자! 투정은 여기까지입니다!"

묵묵히 참모들의 반대 의견을 듣고 있던 에어리가 입을 열었다. 큰 목소리는 아니었지만 힘이 실려 있는 묵직한 톤이었다.

"이미 의원님의 결심을 히스에게 밝혔다는 말을 듣지 않았습니까? 이제 와서 취소한다면 패배한 것보다도 더 큰 상처입니다. 이미 지금은 돌아올 수 없는 다리를 건넌 셈이며 싸움이 시작된 겁니다. 이제 우리가 할 일은 이 싸움에서 이길 수 있도록 최선을 다하는 것입니다.

이 세상에 이길 수 없는 싸움은 없습니다. 그리고 그 시작은 믿음에서부터 시작된다는 것을 명심해 주십시오."

에어리는 마거릿의 결정에 아무런 이의를 달지 않았고 오히려 전쟁에 나서는 병사처럼 결연한 의지로 참모들을 독려하였다. 더 이상 참모들은 반대할 수 없었다. 반대를 한다고 해서 돌이킬 수 있는 일도 아니었다. 쉽지 않겠지만 끝까지 해보는 수밖에 없었다.

마거릿을 지지하는 진영은 곧바로 대표 선거를 위한 선거용 캠프에 모든 업무를 전환하였다. 우선, 선거 전략을 세우는 것이 급선무였다. 과연 마거릿을 어떻게 부각시킬 것인지, 그리고 지도자로서 확실한 리더십을 어떻게 어필할 것인지, 그 전략을 마련하는 것이 중요했다.

무엇보다도 보수당 내에서 각 의원들이 지지하는 성향을 파악하는 것이 필요했다. 결국 대표 선거는 의원들이 하는 것이기 때문이다.

에어리는 의원들의 성향을 파악하면서 마거릿이 대표 선거에서 승리할 수 있는 길을 어렴풋이 찾아내었다.

"보수당 내에 존재하는 반反히스 파를 결집한다고요?"

"그렇습니다. 지금 보수당 내에는 히스에 반대하는 의원들이 폭넓게 퍼져 있다는 것을 알았습니다. 그들을 끌어들여 결집한다면 충분히 해볼 만한 싸움입니다."

"하지만 어떻게 그들을 내 편으로 만든다는 거죠?"

"어차피 의원님이 대표 선거에 출마함으로서 자의든 타의든 반反히스 파의 맨 앞에 서신 겁니다. 히스와 거뜬히 싸움을 할 수 있다는 가능성을 보여 준다면 그들은 의원님에게로 모여들게 되어 있습니다."

확실히 에어리는 마거릿에게 있어 제갈량과 같은 군사였다. 그는 정확히 선거의 판세를 분석하고 이길 수 있는 전략을 마거릿에게 설명하였다.

"하지만 반反히스 파를 결집한다고 해도 히스를 지지하는 세력들에 비해서 우리 쪽 숫자가 모자라지 않습니까?"

"물론 그렇습니다. 하지만 저들은 그만큼 서로 비슷한 경력을 가진 자들이 많습니다. 즉 누구나 다 대표를 꿈꾸는 자들이기에 어느 한쪽으로 쉽게 결집되지 않는다는 것입니다."

"표가 분산될 수 있다는 것이로군요."

"그렇습니다."

확신에 가까운 에어리의 대답에 마거릿의 입가엔 미소가 맴돌았다.

대표 선거에 출마한다는 결심을 하고 난 후 승리에 대한 가능성을 처음으로 보았던 것이다.

에어리와 마거릿은 그에 따른 세부적인 계획을 마련하고 하나씩 실행에 옮기기 시작했다.

"그런가? 론 의원과 클락 의원에게 접촉을 했단 말이지? 나를 반대하는 자들을 모아 볼 심산이군."

참모들에게서 마거릿 진영의 움직임을 보고받은 히스는 노련한 정치가답게 단박에 그들의 의도를 눈치챘다.

히스는 마거릿이 무척이나 거슬렸다. 자신의 영향권에서 벗어나 있는, 즉 반反히스 파로 분류될 수 있는 인물이란 점 때문이었다. 그녀가 이번 선거에 출마를 한다면 뿔뿔이 흩어져 있던 반反히스 파들이 결집할 수 있다는 사실이 히스의 신경을 긁었다.

하지만 그러기엔 마거릿은 약점이 너무 뚜렷했다. 우선 여자라는 점!

보수당 의원들이 아무리 히스에 반대한다 할지라도 여자를 당의 대표로 선출할 리는 없었다. 그것도 경력 하나 보잘것없는 여성 의원을 말이다.

"어떡할까요? 대표님. 저들이 모이지 않도록 묶어 둘 조치를 취해야 하지 않겠습니까?"

"저들을 묶어 두려면 저들과 거래를 해야 한다는 말인데 선거가 끝나면 큰 부담이 될 수 있소. 굳이 그렇게 하지 않아도 저들이 마거릿을 지지하진 않을 것이오."

히스는 마거릿의 약점을 굳게 믿고 있었다.

히스의 믿음처럼 마거릿의 약점은 쉽게 극복될 수 있는 게 아니었다. 여성 의원은 간간이 탄생했지만 대표, 즉 당의 보스가 되는 것은 차원이 다른 문제였다. 반反히스 파들은 여자인 마거릿을 대표로 지지하는 데 상당히 주저하였고 개중에는 대놓고 거부하는 의원들도 있었다.

시간이 흐르고 있었지만 마거릿 진영으로 반反히스 파를 결집한다는 목표는 조금씩 힘을 잃어 갔다.

이에 마거릿 쪽에서는 하원 의원들과 마거릿이 접촉할 수 있는 많은 기회를 만들었다. 마거릿은 그들을 직접 대면하여 자신이 지닌 리더로서의 자격이 충분하다는 것을 심어 주었다. 뿐만 아니라 마거릿의 최대 강점 중에 하나인 멋진 대중연설 솜씨를 십분 활용하여 의원들을 자연스럽게 자신의 편으로 끌어들이는 데 주력하였다.

마침, 국회 내에서 양도세* 법안을 놓고 마거릿은 노동당의 재무 장관과 설전을 벌이게 되었다. 법안 심사 자리에서 뜻하지 않게 벌어진 이

설전에서 마거릿은 멋진 말솜씨로 재무 장관의 주장을 누르고 승리를 거두었다. 나중에는 답변할 말이 없어진 재무 장관이 벌레 씹은 표정으로 잠시 자리를 피하고 말았다. 이 일은 신문에도 보도되어 논평까지 실리게 되었다.

또한 마거릿은 지금까지 보수당이 펼쳤던 정책의 실패와 그에 따른 나쁜 결과들을 솔직하게 인정하고, 중산층의 가치를 옹호하는 글을 신문에 기고하였다. 이런 진솔함과 중산층에 대한 정책은 보수당 의원들에게 호의적으로 받아들여졌다.

마침내 투표일이 밝았다. 투표는 보수당 내 하원 의원을 대상으로만 실시되는데 정오부터 3시 30분까지 진행되었다. 보수당 대표 선거는 지금까지 대표 선거와는 달리 영국 국민들의 비상한 관심을 끌었다. 그럴 수밖에 없었다. 경우에 따라서는 영국 의회 사상 첫 여성 대표라는 초유의 상황이 벌어질 수도 있기 때문이었다. 수많은 기자들이 몰려들어 마거릿의 일거수일투족을 취재하였다.

투표가 마감된 오후 3시 30분. 선거 관리 위원회 의장이 결과를 발표하였다.

마거릿은 투표 결과에 놀라지 않을 수 없었다. 히스를 이겼다는 사실이 믿기지 않았던 것이다. 하지만 마거릿은 그 모든 표가 자신을 지지한

양도세 : 토지, 건물 따위를 유상으로 넘겨주고 얻은 소득에 대하여 부과하는 조세.

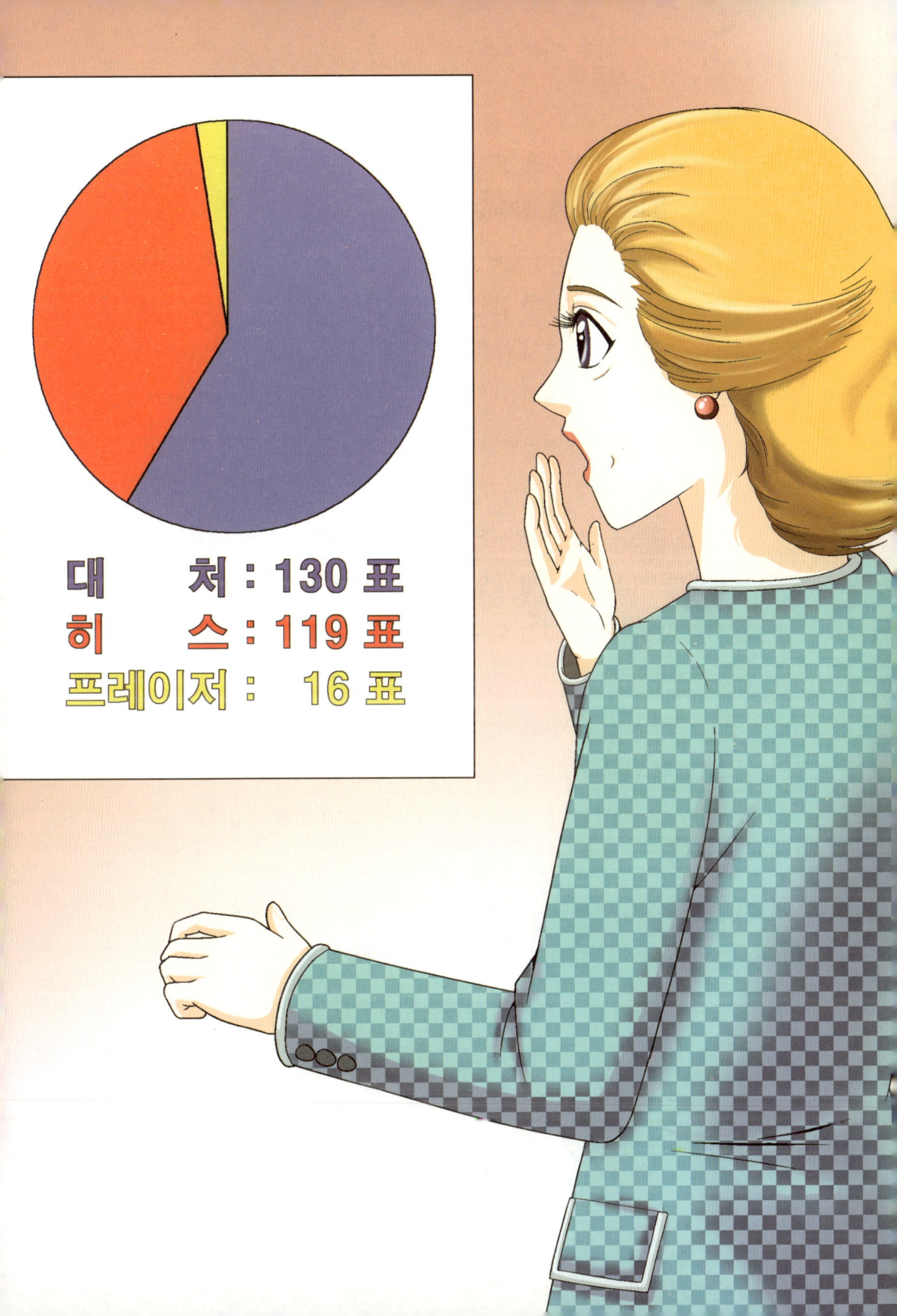

다는 의미가 아니란 것을 잘 알고 있었다. 반 이상이 반反히스 표일 것이다. 마거릿은 그렇게 생각했다.

생각지도 않은 결과에 놀란 것은 히스 진영도 마찬가지였다. 참모들과 함께 선거 결과 발표를 접한 히스의 얼굴은 잿빛으로 변했다. 참모들 역시 누구 하나 입을 열지 않은 채 참담한 결과에 입을 다물었다.

침묵은 5분 이상 계속되었다. 히스는 도저히 자신의 패배가 믿기지 않는 눈치였다. 어떻게 마거릿보다도 표를 적게 얻을 수 있단 말인가?

"후우……."

히스는 깊은 탄식이 섞인 한숨을 길게 내뱉었다. 모든 믿음들이 무너져 버렸다. 히스는 마거릿이 얻은 표의 대부분이 자신에 대한 반발이라는 것을 알아차렸다. 그건 도저히 마거릿을 지지하는 표라고 믿고 싶지 않았기 때문이었다.

"대표 후보에서 사퇴하겠소. 그리 발표해 주시오."

오랜 침묵 끝에 히스는 자신의 사퇴를 거론했다.

"예엣? 대, 대표님! 이번 투표는 대표님의 패배가 아닙니다. 비록 대처보다 적은 수의 득표를 한 건 사실입니다만 어느 후보도 과반수를 얻지 못했기에 다시 투표를 해야 한다는 걸 잊으셨습니까?"

"그렇습니다. 아직 대표님의 패배가 아닙니다!"

히스의 참모들 모두 히스의 사퇴를 만류하였다.

영국은 선거에서 각 후보자들의 표가 반수를 넘지 못하면 다시 투표해야 하는 규칙이 있었다. 아직 2차 투표가 남아 있었기에 히스의 참모들은 패배가 아니라고 주장하는 것이었다.

히스 역시 자신이 패배하지 않았다고 믿고 싶었다. 아니 그럴 셈이었다. 그러기 위해선 히스 자신이 후보에서 사퇴해야 한다는 것을 잘 알고 있었다.

히스가 후보에서 사퇴한다는 소식은 마거릿의 진영에 즉각 알려졌다.

"역시 능구렁이 같은 정치인입니다."

히스의 사퇴 소식을 들은 에어리가 혼잣말처럼 중얼거렸다. 에어리는 히스가 후보를 사퇴한 이유를 바로 알아차렸다.

"히스는 마거릿 의원님이 차지한 표 중 상당한 표수가 자신에게 반기를 든 것임을 이미 알고 있습니다. 이 상태로는 곧 있을 2차 투표에서도 승산이 없다는 것을 알아차린 것이지요. 그래서 이번 투표에서 자신이 아닌 후계자를 내세울 심산입니다."

"후계자라고요? 하면 누구를 내세울까요?"

"아마 화이틀로 의원을 내세울 겁니다."

화이틀로는 비교적 평판이 좋은 인물로 의원들로부터 폭넓은 지지를 받는 인물이었다. 비록 강한 지도력이 부족하다는 평가를 받고 있긴 했지만 화이틀로 의원에게 히스를 지지하는 자들이 결집한다면 마거릿에게는 심각한 위협이 될 수 있는 것이었다.

2차 투표는 일주일 후로 결정되었다.

마거릿 진영의 예측대로 히스는 화이틀로를 내세워 지지를 호소하는 한편, 자신을 지지하는 세력들을 화이틀로 결집하기 위해 동서분주했다.

일주일 후, 2차 투표 결과가 발표되었다.

대처 146표

화이틀로 79표

하우 19표

프라이어 19표

페이튼 11표

기어이 마거릿은 역사를 만들고 말았다. 영국 의회 역사상 여성으로서는 처음으로 정당의 대표로 선출된 것이다. 그것도 전통을 자랑하는 보수당에서 말이다. 새로운 역사의 문이 열린 것이라 할 수 있었다.

늘 냉정함을 잃지 않으려 노력했던 마거릿도 자신의 승리 소식이 전해진 순간만은 흥분을 감출 수가 없었다. 마거릿의 진영에 몰려든 많은 신문과 방송 매체들도 놀랍고 흥분된 심정으로 여성 대표의 역사적인 순간을 비추고 있었다.

마거릿은 당선의 기쁨을 솔직하게 표현했고 아울러 겸손한 자세로 자신을 지지하지 않은 다른 당원들과의 단결과 협력을 구했다.

그 시간, 패배를 확인한 히스는 텅 빈 대표실에 홀로 앉아 있었다. 이 방에 있는 것도 오늘이 마지막이라고 생각했다.

'도대체 어디서부터 잘못된 것일까?'

조용히 생각에 잠긴 히스는 숨 가쁘게 흘러온 지난 몇 주간을 떠올렸다. 사실 노련한 정치가인 히스로서도 예측하지 못한 점이 두 가지 있었다. 하나는 1차 투표 후, 히스 자신의 영향력이 현저히 줄어 있었다는 점이었다. 그 결과 화이틀로 외에도 다른 후보들이 대표 선거에 뛰어들었다. 이들은 히스의 간곡한 부탁도 외면한 채 당의 대표가 되기 위한 경쟁에 매달렸다. 그 결과 히스 진영의 표가 분산되는 결과를 초래하였다.

또 하나는 1차 투표 후, 마거릿에 대한 대중적인 관심이 한꺼번에 몰린 것이었다. 비록 과반수 득표에는 실패했지만 현 대표인 히스를 누르고 1위를 했다는 것만으로도 마거릿은 방송과 신문뿐만 아니라 일반 국민에게도 많은 관심을 받게 되었다.

사상 최초로 여성 대표가 탄생할지 모른다는 기대감이 대중들에게 실려 있었던 것도 사실이다. 그 결과 마거릿이 미디어에 등장하는 시간과 횟수가 많아졌고, 그것은 연설과 토론을 할 때 그녀가 가지고 있는 발군의 실력을 발휘하게 했다. 이것은 곧 마거릿의 인기를 급상승시키는 요인이 되었다. 이러한 마거릿의 대중적인 인기와 기대가 히스 진영에 속한 의원들의 투표에도 영향을 미쳤던 것이다.

조용히 앉아 있던 히스가 자리에서 일어서서 서랍 속에 있던 자신의 물건들을 천천히 가방에 집어넣었다. 참모들에게 시킬 수 없는, 자신의 손으로 챙겨야 하는 물건들을 하나하나 가방에 집어넣고 방을 나섰다.

겨울비인지 봄비인지 구분할 수 없는 비가 자동차 유리로 떨어져 내렸다. 빗물에 흐려진 차창 너머로 국회의사당의 불빛이 히스의 눈동자에서 사라져 갔다. 마치 등불이 꺼져 가듯이……

# 스스로 꿈을 키우던 어린 시절

　마거릿 힐다 로버츠는 1925년 10월 13일, 영국 중부 그랜덤Grantham 시의 중심가에서 약간 벗어난 노스퍼레이드North Parade 1번지에서 태어났다. 그녀의 아버지인 알프레드 로버츠는 3층으로 된 벽돌집의 1층에서 식품 잡화점을 운영하고 있었다.

　알프레드는 구두 수선공의 아들이었지만 시력이 나빠서 구두 수선공이 될 수 없었다. 결국 그는 식료품 가게의 점원으로 일을 시작했다.

　열성적인 감리교* 신자인 그는 교회에서 만난 베아트리체 스티븐슨과 약혼을 하였다. 두 사람은 결혼할 때까지 둘만의 가게를 갖자고 약속하고 열심히 일했으며 부지런히 저축했다. 그리하여 1917년, 결혼하면

감리교 : 18세기 초에 등장한 그리스도교의 한 교파. 자율과 자제를 원칙으로 하며 교리보다는 실천에 중점을 둔다. 옥스퍼드 대학교의 교수이자 종교가인 존 웨슬리가 대학교에서 학생 종교 운동을 펴면서 깨끗한 생활규범과 규칙적인 생활을 강조했다. 마거릿이 가지고 있던 신념과 자립, 근면, 노력, 성실은 이러한 종교적 교리에서 나온 것이라고 할 수 있다.

서 노스퍼레이드 1번지에 식품 잡화점을 마련했던 것이다.

비록 의무교육만을 받았고 식품 잡화점을 하는 알프레드였지만 그는 자신의 처지에 만족하지 않았고 좀 더 나은 삶을 위해 끊임없이 노력하였다. 그 결과 마거릿이 태어났을 즈음에는 이미 넓은 집과 제법 큰 식품 잡화점을 운영하는 중산층 대열에 속해 있었다.

마거릿은 고지식한 아이였다. 늘 성실하고 바른 길을 걸었던 부모님의 피를 이어 받았으니 당연한 일이었겠지만 그와 더불어 어린 시절 많은 시간을 함께 보낸 외할머니의 영향이 컸다. 외할머니는 도덕적으로 엄격한 빅토리아 시대* 중산 계급의 전형적인 여인이었다.

엄격함과 성실함, 그리고 부지런히 일을 하는 것은 그 시대 여인의 미덕이었고 그런 할머니의 손에서 자라다시피 한 마거릿이 할머니의 영향을 받게 된 것은 아주 당연한 일이었다.

외할머니뿐만 아니라 어머니와 아버지도 마찬가지였으니 어쩌면 마거릿은 고지식함과 성실함의 운명을 타고난 건지도 모른다.

어느 정도 가게를 운영하며 재산을 모으게 된 마거릿의 아버지 알프레드는 정치를 하기 시작하였다. 그는 규모가 크진 않았지만 식품 잡화점을 운영하며 좋은 평판을 많이 얻었다. 뿐만 아니라 훤칠한 키에 단정한

빅토리아 시대 · 1837년부터 1901년까지 영국의 빅토리아 여왕이 다스리던 시대로, 영국 역사상 최고의 번영을 누렸던 때이다. 최강의 경제력과 군사력으로 세계를 지배하였다.

용모, 그리고 목사를 대신할 정도로 훌륭한 연설 솜씨를 가지고 있었다. 이런 장점들은 알프레드를 시의원으로 당선시킬 수 있게 해 주었다.

영국의 정치 체계는 다소 복잡한 형태의 입헌군주제이다. 명목상으로 영국의 국왕이 나라를 통치하는 것으로 되어 있으나 실제적으로는 각 정당에서 선출된 의회 의원들이 나라를 다스리는 의원내각제이다.

영국 의회는 크게 상원 의원과 하원 의원으로 구성된 양원제이다. 이런 양원제는 서양의 여러 나라들이 채택하고 있다.

상원 의원은 사회에서 지위가 높은 사람들로 구성되어 있다. 성직자나 세습 의원, 귀족 의원 들로 이루어져 있는데, 때로 국왕이 이들을 뽑기도 한다. 하원 의원은 국민이 직접 선출하는 650여 명의 의원이고, 상원 의원에 비해 하원 의원이 더 많은 정치적 권한을 가지고 있다.

내각은 나라의 최고 책임자, 즉 영국 수상과 그 외 각 부처의 각료*들로 이루어진다. 하원 의원 선거에서 다수당*으로 선출된 정당의 대표가 수상으로 임명되고 그 수상이 각료들을 선발하게 된다. 또한 지방자치제*에 따라 각각의 시에는 시의회가 구성되어 시의회 의원들을 선출하게 되어 있다. 알프레드가 당선된 것은 바로 이 지방 의회의 의원이었던 것이다.

각료 : 내각을 구성하는 장관.
다수당 : 의회에서 의원들의 수가 많은 정당.
지방자치제 : 각 지방 주민들이 자신이 속한 지역의 행정을 맡아줄 기관을 뽑아 그 기관을 통해 일을 처리하는 제도.

알프레드에게는 한 가지 콤플렉스가 있었는데 바로 고등교육을 받지 못했다는 것이었다.

정치를 하게 되면서 그 점을 더욱 뼈저리게 느끼게 되었다. 이러한 이유 때문에 딸들에게만은 제대로 된 교육을 시키기로 작정하고 명문 학교인 '헌팅 타워 로드 초등학교'에 입학시켰다. 하지만 그 학교는 집에서 2.6km나 멀리 떨어져 있었기 때문에 마거릿은 그 먼 거리를 걸어서 다녀야 했다. 더욱이 그 학교는 급식을 하지 않기 때문에 점심을 집에서 먹어야 했다. 덕분에 마거릿은 매일 10km가 넘는 거리를 걸어야 했다.

"도대체 어디서 이런 체력이 나오는 건가요?"

훗날 일일이 집을 방문하며 유세*를 하는 마거릿을 보고 한 기자가 물었다. 웬만한 남자도 버티기 힘들 만큼 강행군이었기 때문이다.

"체력이요? 저의 체력은 초등학교를 다닐 때 만들어진 겁니다."

마거릿이 기자의 질문에 농담처럼 한 대답이었다.

학교에서도 마거릿은 고지식하고 무뚝뚝한 아이였다. 말도 별로 없었고 선생님 말씀을 거역하는 법도 없었다.

한번은 마거릿이 한 연극제에서 훌륭한 솜씨로 시를 낭송하였고 그것으로 상을 받게 되었다.

"오, 운이 좋았네요. 마거릿."

상장을 주면서 교장 선생님이 칭찬 가득한 목소리로 말하였다. 하지만, 운이 좋았다는 그 소리가 마거릿의 귀에는 무척이나 거슬렸다.

유세 : 자신이나 소속 정당에서 하고자 하는 주장을 알리면서 곳곳을 돌아다니는 일.

"운이 좋았던 것이 아니에요. 제가 노력한 결과로 상을 받는 것이 당연한 거예요."

마거릿은 퉁명스럽게 대답하고는 휙 돌아서 교단 아래로 걸어갔다.

그동안 마거릿은 시를 낭송하기 위해 며칠 동안 밤잠을 줄여가며 노력했는데, 그런 자신의 노력이 단지 운으로 취급되는 것이 무척이나 속상했던 것이다.

마거릿에게 이 시 낭송 무대는 상을 받은 것 이상으로 중요한 의미가 있었다. 그것은 많은 사람들이 자신을 바라보는 무대, 즉 청중 앞에 서 있는 일이 전혀 두렵거나 떨리지 않았다는 것이다. 그것은 마거릿이 늘 청중 앞에서 유세를 하는 아버지를 보면서 자랐기 때문일 것이다. 어렸을 때부터 정치를 하는 아버지를 따라다니면서 배우게 된 이 능력은 앞으로 마거릿이 정치가로 성장하는 데 큰 무기이자 자산이 된다.

초등학교를 졸업한 마거릿은 우수한 학생들만이 진학한다는 '케스트벤 그랜덤 여학교'에 입학하고 장학금 시험에도 합격했다. 마거릿의 학교 성적이 우수한 것은 사실이었지만 머리 회전이 빠른 편은 아니었다.

학교에는 늘 그런 학생들이 몇 명 꼭 있었다. 그다지 노력하지 않는 것 같은데도 항상 성적은 상위권을 유지하는 학생들 말이다. 마거릿 주위에도 그런 친구가 있었다. 로라가 그랬다. 마거릿은 자신과 제법 친한 로라가 공부하는 것을 본 적이 없었다.

수업 시간에도 쉬는 시간에도 늘 놀기에 바빴고 다른 친구들과 어울려 다니는 것을 즐겼다. 하지만 성적은 항상 전교에서 최고 수준이었다.

"도저히 이해할 수가 없어요! 어떻게 그럴 수가 있죠? 전 로라보다 두 배, 세 배, 아니 그 이상 더 열심히 한다고요. 이건 사실이에요!"

마거릿이 무척이나 분한 얼굴로 물었다. 이런 딸의 모습을 보고 아버지 알프레드는 다정하게 손을 잡으며 말했다.

"억울해할 필요 없단다, 마거릿. 세상에는 천재라고 불리는 사람들이 있단다. 모차르트는 이미 5살도 되기 전에 작곡을 했고, 베토벤은 귀가 들리지 않는데도 뛰어난 음악가가 되지 않았니? 하지만 그들보다 더 강한 사람은 노력하는 사람이다. 노력은 배신하지 않는단다. 노력하면 언젠가 그만큼의 탐스럽고 달콤한 결과가 손에 들어온단다. 어려움을 이

길 수 있는 건 요행이나 운이 아닌 노력이라는 걸 명심해라."

알프레드는 자신의 말을 그저 말뿐이 아닌 행동으로 보여 주었다.

그는 다른 사람에 비해 많이 가지고 있던 약점과 불리함을 딛고 시의원에서 시장이 되는 데 성공하였다. 지방 정치가로서 권력의 최고 정점에 선 것이다. 그런 성공 뒤에는 아버지의 남다른 노력이 있었다는 것을 마거릿은 잘 알고 있었다.

알프레드는 유세를 하거나 연설회, 정치적인 집회 자리에 참석할 때 마거릿을 자주 데리고 다녔다. 심지어는 자신이 바빠서 참석하지 못하는 연설회에 마거릿을 보내 연설의 주요 내용을 적어 오게 했고, 투표가 있을 때는 투표 장소로 가서 일을 돕게 하였다.

10살, 어린 소녀의 눈에도 정치 세계는 드라마틱하고 에너지가 넘치는 곳이었다. 수많은 사람들의 불꽃 튀는 연설, 흥분과 박수, 협동과 노력, 초조함과 기대, 성공과 좌절이 교차하는 마력이 있는 곳이었다. 이때의 경험은 마거릿의 뇌리에 정치라는 세계를 깊이 각인시켜 놓았고 마거릿이 성장하면서 그녀를 자연스럽게 정치로 이끌었다.

어느 날, 마거릿의 아버지 알프레드 앞으로 한 통의 편지가 날아왔다.

에디스가 오스트리아를 탈출하려고 해요. 도와주세요. 나치의 탄압이 끝날 때까지 에디스를 맡아 줄 수 없는지요. 두 손 모아 간절히 부탁드립니다.

에디스는 오스트리아에서 태어난 유태인으로, 마거릿의 언니인 뮤리

엘과는 펜팔 사이였다. 두 소녀는 몇 년 전부터 편지를 주고받아 왔다. 그런데 에디스의 조국 오스트리아가 히틀러가 이끄는 나치*의 지배 아래에 들어가면서 유태인에 대한 가혹한 탄압이 시작되었다. 다급해진 에디스의 부모님은 알프레드에게 자신의 딸을 맡아 달라며 편지를 쓴 것이다.

알프레드는 즉시 그 부모님에게 답장을 보냈고, 자신이 에디스의 대리인이 되었다. 그리고 영국에 입국할 수 있도록 주선하여 자신의 집으로 데려왔다.

에디스의 존재는 한편으로 마거릿에게 큰 충격이었다. 자신과 같은 또래의 여자아이가 살기 위해 부모님과 떨어져 도망을 쳐야 한다는 것은 마거릿이 미처 알지 못하던 또 다른 세계가 엄연히 존재하는 것이었다.

그 세계는 무시무시하고 지옥 같았다. 약탈과 방화, 집단 수용, 살인 등 나치가 유태인에게 저지른 만행은 정말 잔인한 것이었다. 그것을 직접 경험한 에디스가 생생하게 마거릿에게 전해 주었다.

단지 듣는 것만으로 치가 떨리고 소름이 돋는 이야기들!

이때의 충격 때문이었는지 마거릿은 전체주의*에 대한 본능적인 혐

나치: 히틀러를 대표로 한 독일의 파시스트 당. 1차 세계 대전에서 패배한 독일 국민에게 희망을 주기 위해 히틀러의 나치당은 '독일이 세계에서 가장 우수하다'는 생각을 심어 주었다. 그러면서 그 외의 모든 민족은 열등하다고 규정하고 그들에게 피해를 주며 목숨까지 앗아 갔다. 유태인이 대표적으로 나치에게 박해당한 민족이다.

전체주의: 개인의 모든 활동은 국가와 같은 전체를 위해서만 존재해야 한다는 주장을 펴며 개인의 자유를 억압하는 사상. 독일의 나치즘과 이탈리아의 파시즘이 대표적이다.

오감을 가지게 되었고, 자유라는 단어를 무척이나 자주 사용하였다.

훗날 유태인과의 인연은 마치 운명처럼 마거릿 앞에 다시 다가오게 된다.

대학에 입학할 시점이 다가오면서 마거릿은 큰 고민에 휩싸였다. 전공 선택에 관한 것이었다. 그녀는 학문적으로 아주 상반된 화학과 법학, 두 과목 중에 어떤 것을 전공해야 될지 무척이나 고민스러웠다.

사실 애초에 마거릿이 염두에 두었던 전공은 화학이었다. 마거릿이 화학을 제일 좋아했던 이유는 화학을 가르쳐 주시던 여자 선생님 때문이었다. 온화한 성품과 화학에 대한 정열, 그리고 능숙하고 노련한 지도 방식 등 마치 자신의 롤모델을 보는 것처럼 느껴졌다. 그러한 관심이 마거릿을 화학의 세계로 이끌었고 당연히 대학교에 가서도 화학을 전공해야겠다고 생각했다.

그러던 어느 날, 아버지 알프레드가 그랜덤의 치안판사에 임명되어 연간 4회 개최되는 법원 판사로 일하게 되었다. 어릴 적부터 아버지의 선거 일을 도와 온 마거릿이 아버지의 재판을 방청하는 것은 당연한 일이었다. 재판을 방청하며 마거릿은 검사와 변호사가 펼치는 논리의 치열한 싸움에 푹 빠져버렸다. 물 흐르는 듯한 말솜씨와 치열한 법 해석, 논리적인 허구와 진실을 찾는 싸움이 묘한 흥분을 느끼게 했던 것이다. 그때부터 마거릿은 화학과 법학 사이에서 갈등하기 시작했다.

어떤 전공을 선택할지 오랫동안 갈등하는 마거릿을 지켜보던 아버지는 딸의 장래에 대해 충고해 줄 수 있는 사람에게 데려갔다.

"그게 어렵나요? 물론 지금의 선택이 인생 전부를 좌우할 수 있으니 어려운 게 당연한 일이겠죠."

지역 판사로 활동하고 있는 위닝은 마거릿의 고민을 충분히 이해한다는 듯이 넉넉한 목소리로 말했다.

위닝은 케임브리지 대학에서 물리학을 전공한 후 법조계로 방향을 바꾼 사람으로 누구보다 마거릿의 고민을 이해할 수 있는 인물이었다.

"전 어느 쪽도 포기하고 싶지 않아요, 판사님!"

"허허허! 욕심이 많은 아가씨로군. 하지만 난 그런 욕심은 백 번 찬성하는 사람입니다. 배우고자 하는 욕심은 끝이 없는 게 좋은 것이거든."

"하지만 욕심대로 다 할 순 없잖아요."

"그렇지요. 뭐든 다 때가 있는 법이지요. 하지만 인생에는 선택의 갈래가 많은 편이 좋다고 생각해요. 그만큼 많은 가능성이 열려 있다는 뜻이니까. 앞으로 법을 공부하더라도 지금은 법이 아닌 다른 분야를 연구하는 것도 좋다고 봐요. 세상과 사물을 보는 시야가 넓어질 테니까요. 또한 법에는 과학적인 지식을 필요로 하는 문제들도 많고요."

"그렇군요. 저에게 시간을 내 주셔서 정말 감사합니다. 판사님의 충고는 저에게 많은 가르침을 주었습니다."

마거릿은 위닝의 충고를 받아들여 화학을 전공하기로 결정하였다.

마거릿이 가고 싶은 대학은 '옥스퍼드 대학* 서머빌 칼리지'였다. 하

옥스피드 대학 : 영국은 물론 세계적으로도 우수하다고 평가받는 대학으로, 유명 인사들과 다양한 인재들을 배출하였다.

지만 입학하는 과정에서 약간의 문제가 있었다.

 당시에는 18세가 된 학생이 대학 시험을 치르는 게 보통이었고 우수하면 17세에 시험을 치기도 했다. 하지만 마거릿은 16세였다. 대학에 진학하고 싶은 묘한 열망에 사로잡힌 마거릿은 16살이었지만 대학 시험을 보고자 하였다. 하지만 학교 교장인 길리스가 반대하였다.

 "미안하지만 마거릿, 옥스퍼드 대학에 들어가려면 라틴 어가 필수 과목이라는 것을 잊었나요? 마거릿은 라틴 어를 배우지 못했잖아요."

 "물론 아직 배우지 못했지만 지금부터 공부한다면 충분히 따라잡을 자신이 있어요."

 마거릿은 그저 시험을 보기 위해 그냥 하는 말이 아니었다. 진심이었다. 마거릿은 가정교사를 고용해서라도 라틴 어를 배울 작정이었다.

 "마거릿의 의지는 충분히 알겠어요. 하지만 합격할 가능성이 없는 학생에게 대학 수험료를 지불할 수는 없어요."

 마거릿이 다니고 있는 학교에는 대학에 합격할 가능성이 높은 학생들에게 대학 수험료를 대신 내주는 제도가 있었는데 길리스는 마거릿에게 합격 가능성이 없다고 말하고 있었다.

 "선생님은 저의 희망을 짓밟고 계시는 겁니다! 아십니까?"

 마거릿은 버럭 소리를 지르고는 획 돌아서 교장실을 나왔다.

 자신의 의지가 아무렇지도 않게 짓밟힌 것 같은 느낌에 마거릿은 무척이나 화가 치밀었다. 어떻게 교장이라는 사람이 학생의 가능성에 대해 한 번이라도 믿고 격려해 주지 않는단 말인가!

 마거릿의 가슴속은 투지로 불타올랐다. 길리스의 생각이 틀렸다는 것

을 증명하고 말겠다는 결심을 했다. 마거릿은 곧장 아버지를 찾아가서 라틴 어 가정교사를 고용하고 대학 수험료를 내달라는 부탁을 하였다.

이제 마거릿의 의지를 보여 줄 차례였다. 교장의 뜻을 거스르며 기필코 옥스퍼드에 가기로 한 이상 필사적일 수밖에 없었다. 보통 라틴 어를 배우는 과정은 5년이었지만 마거릿은 1년 만에 시험을 치를 수 있는 수준으로 끌어올려야 했다. 쉬운 일이 아니었다. 더구나 시험은 라틴 어만 치르는 게 아니었다. 다른 과목들도 동시에 공부해야 했다.

1년은 눈 깜빡할 사이에 지나갔다. 정신없이 공부에 몰두해 있는 동안 그렇게 시간이 흘렀던 것이다.

마거릿은 시험을 치기 위해 옥스퍼드 대학에 들어섰다.

오랜 전통을 자랑하는 중세의 육중한 건물들, 건물을 온통 칭칭 휘감아버릴 것 같은 기세로 지붕까지 뻗어 올라간 담쟁이덩굴들, 길 너머로 이어진 복도와 이끼가 끼어 있는 돌담.

주위의 모든 사물들에는 역사가 스며들어 있었고 그런 역사의 무게는 고스란히 마거릿의 어깨 위로 내려앉았다.

'아! 이 자랑스러운 역사의 무게가 이토록 가슴 벅찬 것이라니!'

마거릿은 반드시 이 학교의 학생이 되겠다고 다짐하며 시험을 치렀다.

그러나 입학시험 결과는 무척이나 실망스러웠다. 합격이 아닌 예비 리스트에 마거릿의 이름이 올랐다는 통지를 받았기 때문이었다. 17세의 나이에 옥스퍼드 예비 리스트에 오른 것만으로도 높이 평가받아야 할 일이었지만 그것으로 만족할 마거릿이 아니었다.

1년 동안의 순간들이 마거릿의 뇌리를 스쳐 지나갔다. 누구보다도 열심히 공부했다고 자부할 만한 시간이었다.

그 1년 동안의 노력이 이렇게 헛된 것이란 말인가?

시험 결과를 들은 알프레드는 아무 말도 없이 마거릿의 어깨를 툭툭 두드려 주었다. 충분히 마거릿이 극복할 수 있을 거란 믿음의 표시였다.

한동안 좌절감에 젖어 있던 마거릿은 어느새 훌훌 털고 일어섰다. 다시 한 번 도전하기로 결심했던 것이다.

안 되면 될 때까지! 하늘은 결코 노력하는 자를 버리지 않는다!

스스로에게 최면을 걸며 마거릿은 다시 시험 준비를 하였다.

그래서였을까? 얼마 후 마거릿 앞으로 한 통의 편지가 날아왔다. 옥스퍼드에서 온 것으로, 그 안에는 마거릿의 입학을 허가한다는 통지서가 들어 있었다.

신입생 중에서 옥스퍼드 입학을 포기한 사람들이 있었는데, 포기한 사람의 수만큼 예비 리스트에 오른 사람들이 뒤늦게 합격되었다. 그리고 드디어 마거릿의 차례가 온 것이었다.

비록 한 번에 합격한 것은 아니었지만 마거릿은 자신이 원하던 목표를 성취하였다. 부정한 방법이 아닌 온전히 자신의 노력으로 이루어 낸 값진 성과였다. 마거릿의 노력은 결코 헛된 것이 아니었다.

마거릿은 얼마 전에 다짐했던 것처럼 새로운 세계로 떠나는 모험가의 심정으로 오랜 전통이 가득한 옥스퍼드 대학 안으로 들어섰다.

정치의 길로 나아가다

옥스퍼드는 케임브리지와 함께 영국을 대표하는 세계적인 대학이었다. 영국의 많은 지도층 인사를 배출하였을 뿐만 아니라 세계 각지의 우수한 인재들이 모여드는 곳으로 가히 최고의 대학이라 불러도 이상할 게 없는 대학이었다.

옥스퍼드는 30여 개의 칼리지가 모여 있는 집합체로 옥스퍼드에 입학한다는 것은 그들 칼리지* 중 한곳에 들어간다는 것을 의미했다. 학생들은 칼리지의 기숙사에서 생활하며 대학생활을 하였다.

마거릿도 집을 떠나 대학교 기숙사에 들어왔다. 지금껏 단 한 번도 집을 떠나 본 적이 없는 마거릿이었다. 한동안은 향수병 때문이었는지 신입생의 활발함보다는 우울하고 의기소침한 표정을 지을 때가 더 많았다.

칼리지college : 대학교에 소속된 개별 단과대학.

44

어느 날 수업을 마치고 기숙사로 돌아와 샤워를 하던 마거릿은 거울 속에서 무척이나 낯선 얼굴이 서 있는 걸 발견했다.

'우울하고 생기 없는 얼굴을 하고 있는 이 사람은 도대체 누구지?'

마거릿은 곧바로 그것이 자신의 얼굴이라는 것을 깨달았다.

'이 얼굴이 정말 나란 말인가? 지금껏 이런 얼굴을 하고 학교를 다니고 있었단 말인가?'

자신의 상태를 알아챈 마거릿은 향수병을 극복하기 위한 노력을 하기 시작했다.

그 첫 번째는 사람들을 사귀는 것이었다. 합창단이나 과학협회, 감리교 학생모임 등 몇 개의 모임에 가입하였다. 하지만 마거릿이 가장 관심 있었던 모임은 '옥스퍼드 유니언'이라는 학생연맹이었다. 이곳은 웅변부로, 정치를 갈망하는 학생들의 등용문으로 여겨지는 곳이었다. 글래드스턴William Gladstone, 애스퀴스Herbert Asquith, 솔즈베리Robert Salisbury, 맥밀런Harold Macmillan, 윌슨Harold Wilson, 히스Edward Heath 등 역대 수상들이 이곳에서 웅변술을 갈고닦았던 것이다.

그러나 당시는 여성에 대한 차별이 진하게 남아 있었기 때문에 여성이었던 마거릿은 유니언의 멤버가 결코 될 수 없었다.

그 후 마거릿이 눈을 돌린 곳은 '학생 보수협회OUCA'였다. 보수협회는 이름에서부터 짐작할 수 있듯이 보수적인 성향을 가진 사람들이 모이는 보수당의 학생 지부 같은 곳이었다.

의회 민주주의가 발달했던 영국은 오래전부터 정당이라는 정치 단체가 이어져 오고 있었다.

　세계에서 가장 오래된 정당인 보수당은 토리당에서 갈라져 나와, 주로 귀족과 부유 상공인 층을 대변했다. 반면 산업혁명을 거치면서 노동계급을 정치 세력화하여 등장한 노동당은 주로 노동자들과 서민을 대표했다. 이렇게 보수당과 노동당의 양당 체제가 영국 정치의 근간을 이루고 있었다. 물론 그 두 정당 이외에도 소수의 정당들이 존재하고 있지만 큰 권력을 가진 보수당과 노동당이 서로 정권을 주고받으며 치열한 싸움을 계속 이어 나갔다.

　그렇다면 마거릿은 왜 하필 보수당을 선택한 것인가?

　거기에는 두 가지 이유가 있었다. 하나는 무소속이었던 아버지와는 달리 아버지 주위에 모인 정치인들은 주로 보수당원들이었다. 마거릿은 어릴 때부터 아버지의 선거 활동을 도우면서 자연스럽게 그들과 어울렸다. 보수당의 사상을 접하면서 점차 호의적인 마음이 생긴 것이다.

　또 하나는 지금 나라를 이끌고 있는 윈스턴 처칠에게 매력을 느꼈기 때문이었다. 당시 영국은 독일과 2차 세계 대전 중이었다. 어려운 환경에서도 영국을 하나로 통합하고 단결시켜 나치와 싸우는 그 모습은 마거릿에게 거의 우상과 같은 것이었다. 그런 이유들 때문에 마거릿은 보수당을 선택하게 된 것이다.

　정치와 화학! 이 두 가지는 사실 당시 여성과 어울리지 않는 것이었다. 물론 여성 정치가도 있었고 여성 화학자도 있었지만 그건 어디까지나 소수였다. 마거릿의 이런 취향은 또래의 여자들과 비교하면 무척이

나 특별한 것이었다. 그런 이유들로 인해 마거릿은 여학생들에게 그다지 인기가 없었다.

"마거릿. 오늘 파티가 있는데 함께 가지 않을래?"

"아니. 아빠가 파티 같은 건 되도록 삼가라고 했거든. 또 오늘 읽어야 할 책도 있고. 난 같이 갈 수 없을 것 같아."

"아, 그래? 어련하시겠어. 아빠, 아빠. 넌 도대체 언제까지 아빠를 찾을 거니?"

"그러게! 아무튼 질리는 애라니까! 우리끼리 가자!"

"야! 그래도 나중에 정치가가 될 거라니까 지금 잘 보여 둬! 혹시 나중에 수상이라도 될지 모르잖아?"

"뭐, 수상? 호호호! 쟤가 수상이 되는 것보다 영국이 바다에 가라앉는 게 더 빠르지 않을까?"

"맞아, 맞아! 나도 바다에 가라앉는 게 빠르다는 쪽에 한 표!"

기숙사 동료들이 깔깔거리며 방 밖으로 나갔다. 사실 동료 여자애들에게 따돌림까지는 아니어도 기피 대상이었던 것임에는 틀림없었다. 툭하면 아버지를 찾고 정치가가 되겠다고 공공연하게 말하는 것을 참아 줄 여자애들이 많지 않았던 것이다.

그렇지만 남학생들은 달랐다. 늘씬한 몸매는 아니었지만 귀여운 용모를 지니고 있었던 마거릿에게 그들은 무척 관대했다. 그래서인지 마거릿은 여성들보다 남성들과 있는 걸 좋아했고 실제로도 남성들과 많은 시간을 함께하며 지냈다. 그사이 마거릿의 가슴에도 사랑이 찾아들었다.

마거릿은 남다른 학창 시절을 보내서인지 사춘기를 느낄 여유도 없이 바쁘게 지냈다. 이성과 어울릴 만한 시간적인 여유도 없었고 도덕적으로도 엄격한 소녀 시절을 보냈었다.

다른 아이들에 비해서는 한참 늦었지만 첫사랑의 설렘은 무척이나 달콤하고 감미로웠다.

그녀의 첫사랑은 같은 대학의 모임을 함께 하던 백작의 아들이었다. 그와 사랑에 빠져 있던 어느 날, 마거릿은 연인으로서 그의 집에 초대되었다. 그의 고풍스러운 집은 마치 성을 보는 것처럼 예스러우며 화려했다. 넓은 정원과 여러 개의 건물들, 안으로 들어서기 무섭게 정중하게 인사를 하는 집사와 하인들의 모습을 보며 마거릿은 왠지 주눅이 드는 느낌이었다.

마거릿은 연인과 함께 넓고 웅장한 응접실에 앉아 있었다. 잠시 후 문이 열리며 화려한 드레스로 한껏 멋을 부린 백작 부인이 안으로 들어왔다. 아들과 사귀는 여자가 어떻게 생겼는지 무척이나 궁금했다는 듯이 자리에서 일어서서 인사를 하는 마거릿을 발끝에서 머리끝까지 찬찬히 훑어보았다. 흠이라도 찾아내려는 듯 집요한 시선에 마거릿은 무척 기분이 언짢았다.

"그래, 같은 학교를 다닌다던데 전공은 뭐지?"

고딕풍의 깊고 푹신한 의자에 앉아 새털로 만든 부채를 살랑거리며 백작 부인이 물었다.

"화학을 전공하고 있습니다."

마거릿은 언짢은 기분을 애써 숨기며 정중히 대답했다.

"화학이라면 그 뭐지? 그러니까…… 그걸 말하는 건가? 여자가 그런 걸 왜 공부하는지 모르겠네."

백작 부인은 나름대로 화학이란 학문에 대해 말하려다 적당한 말이 떠오르지 않았는지 급히 마무리하며 혼잣말처럼 중얼거렸다.

"집은, 아버지는 뭐 하시는 분이지?"

"아버지는 식품 잡화점을 운영하십니다."

"시, 식품 잡화점이라면…… 그러니까 구멍가게를 말하는 거니?"

짐짓 무척이나 놀란 듯이 정색을 하는 백작 부인의 얼굴에는 업신여기는 듯한 표정이 선명하게 드러났다. 굳이 그런 감정을 숨기려 들지도 않았다. 마거릿은 심한 모멸감을 느꼈다.

"미리 말해 두지만 내 아들은 아무하고나 결혼시키지 않을 거야. 세상에는 어울리는 상대가 있는 법이거든. 무슨 뜻인지 알아듣겠어?"

"……"

"뭐, 저녁은 준비해 둔 거니 먹고 가도록 해. 아마 지금까지 먹어 보지 못한 귀한 것들이 많을 테니까 말이야."

입을 다물고 묵묵히 듣고 있던 마거릿이 자리에서 벌떡 일어섰다.

"먹어 보지 못한 것들이라 입에 맞을 것 같지 않네요. 그럼 이만 실례하겠습니다."

마거릿은 뒤도 돌아보지 않고 백작의 집을 나와 버렸다. 그녀의 연인이 황급히 뛰어나왔다.

"마거릿! 거기 서, 마거릿!"

그는 의아한 표정으로 마거릿 앞을 막아섰다.

"난 너의 상대가 아닌 것 같아. 네게 맞는 상대를 찾도록 해."

마거릿은 더 심한 말을 퍼붓고 싶은 것을 꾹꾹 눌러 참았다. 심한 말을 한다는 건 왠지 백작 부인에게 당한 모욕을 인정하는 것만 같았다. 대신 백작의 아들과는 더 이상 만나지 않기로 결심했다. 모욕을 참으면서까지 사랑을 택하고 싶지 않았던 것이다.

사실, 마거릿은 사랑보다는 정치에 더욱 관심이 많았다. 백작 아들과 헤어지고 나서 더욱 열심히 학생 보수협회 일에 매달렸다. 그녀는 대학 생활에서 대부분의 시간을 보수협회 일을 하는 데 쏟아부었고, 결국 그런 열성을 모두에게 인정받아 나중에는 보수협회 회장으로 선출되었다. 옥스퍼드 역사상 처음으로 여학생이 보수협회 회장으로 선출된 것이었다.

회장에게는 협회가 초청한 정치가들과 같이 식사를 할 수 있는 특권이 주어졌다. 저명한 보수 정치가들과 함께한다는 것은 마거릿에게 큰 의미가 있는 것이었다. 유명한 정치가들과 식사를 하거나 강연 자리를 함께하면서 그들의 정치적 수완이나 정치가로서의 자세, 정치가로서 조직을 움직이는 통치 기술 같은 것을 배우고 들었던 것이다. 물론 인맥을 형성하는 데도 상당한 도움을 받았다.

1945년은 영국뿐만이 아니라 전 세계적으로도 의미 있는 해였다. 제2차 세계 대전이 연합군의 승리로 끝이 났던 것이다.

마거릿에게도 이번 년도는 특별한 해였다. 전쟁이 끝나고 영국에서 총선거가 실시됐는데 마거릿이 옥스퍼드 선거구에 입후보한 보수당 후보 퀀틴 호그의 선거운동에 뛰어들었던 것이다.

물론 마거릿은 선거운동이 처음은 아니었다. 어릴 때부터 아버지의 선거 일을 도와 왔기에 제법 익숙한 일 중에 하나였다. 하지만 지금은 그때와는 의미가 달랐다.

그 당시에는 아버지를 돕는다는 의미였지만 지금은 정치에 대한 확고한 목표가 가슴속에 자리 잡았던 것이다.

퀸틴 호그의 선거운동에 뛰어들기 며칠 전이었다. 마거릿은 몇몇 보수협회 친구들과 점심을 먹으며 대화를 나누고 있었다. 곧 시작될 총선에 관한 대화였다.

"아무래도 처칠이 이끄는 보수당이 이기지 않겠어? 전쟁을 승리로 이끌었는데!"

"당연하지. 처칠은 영웅이라고! 사람들은 영웅을 좋아하고 말이야. 아마도 손쉬운 승리가 될 거야."

그때 한 친구가 갑자기 마거릿에게 말을 걸었다.

"여기 옥스퍼드 구에서는 퀸틴 호그란 사람이 출마한다는데 마거릿 넌 선거운동에 참여할 거지?"

"뭐?"

"뭐라니? 너의 목표가 의원이 되는 거 아녔어? 하원 의원이 되려면 선거운동을 미리 경험해 보는 게 좋지 않겠어?"

마거릿은 마치 벼락이라도 맞은 사람처럼 멍하니 허공을 바라보았다.

…… 하원 의원…… 하원 의원……

이런 소리가 메아리처럼 귀에서 윙윙거렸다. 늘 정치를 꿈꾸었지만 지금처럼 목표가 선명한 적이 없었다.

'그래, 난 의원이 되고 싶어! 하원 의원이 되고 싶다고!'

마거릿은 벌떡 일어서서 그렇게 소리치고 싶었다.

"얘, 왜 이래? 마거릿 너 어디 아프니? 이거 보여?"

친구들이 멍하니 앉아 있는 마거릿에게 손가락을 좌우로 흔들며 걱정스런 눈으로 바라보았다. 순간, 마거릿이 벌떡 자리에서 일어섰다.

"고마워! 정말 고마워! 나 지금 퀸틴 호그에게 연락하러 가야겠어! 먼저 간다!"

마거릿이 소리를 지르며 뛰어갔다.

"쟤 왜 저러니?"

"그러게. 아무튼 종잡을 수 없는 애라니까."

이제 나이 21살에 국회의원이 되겠다고 결심하는 사람이 얼마나 될까? 마거릿은 확고한 목표를 품고 퀸틴 호그의 선거전에 뛰어들었던 것이다.

데니스 대처와의 결혼

빅벤이란 영국 국회의사당에 있는 거대한 시계탑 이름인데, 국회의사당이라는 상징성 때문에 하원 의원을 빅벤이라 부르기도 한다. 마거릿의 목표가 바로 그 빅벤에 입성하는 것이었다. 하지만 그것은 생각처럼 쉬운 것이 아니었다. 마거릿은 퀸틴 호그의 선거운동을 하며 그 사실을 깨달았다.

마거릿은 누구보다 열심히 선거운동을 했다. 팸플릿을 돌리고, 연설회장의 분위기를 띄우기도 하며, 일일이 사람들을 만나면서 후보자에 대한 선전을 하기도 하였다. 새벽부터 늦은 시간까지 이어지는 강행군이었다. 원래 잠이 많지 않았던 마거릿은 누구보다 일찍 선거 사무소에 도착해 그날의 일정을 확인하고 자신이 해야 할 일을 정확히 완수하였다.

하지만 총선거의 결과는 충격적이었다.

전쟁에서 영국에 승리를 선사한 영웅 처칠이 이끄는 보수당이 아니라 애틀리Clement Attlee가 이끄는 노동당이 선거에서 압승을 했던 것이다.

보수당인 퀸틴 호그 역시 선거에서 패배했다.

선거 사무실은 마치 묘지와도 같은 무거운 침묵이 흘렀다. 너무 충격이 컸기 때문인지 마거릿의 눈에서는 눈물도 나오지 않았다.

시간이 흐르고 어느 정도 충격이 가라앉자 이제는 두려움이 밀려들었다. 선거에 대한 두려움이었다.

오직 승자와 패자만이 존재하는 세계. 또한 오직 승자만이 모든 것을 차지하는 비정한 세계가 바로 선거였다.

마거릿은 의원이 되는 것이 쉬운 일이 아님을 절감했다. 또한 선거라는 것이 얼마나 예측 불가능하고 변수가 많은 것인지도 경험했다. 마거릿에겐 돈을 주고도 할 수 없는 소중한 경험이 된 선거운동이었다.

1947년, 옥스퍼드를 졸업한 마거릿은 '브리티시 자일로나이트'라는 플라스틱 회사의 기술자로 채용되었다.

그녀의 업무는 연구실에서 플라스틱 원재료를 실험하여 공장에서 실제로 만들 수 있는지를 확인하는 일이었는데, 때문에 공장 직원들과 접촉할 기회가 많았다.

공장 직원들은 마거릿을 '공작부인' 혹은 '마거릿 백모'라고 불렀다. 좋은 의미는 아니었다. 그런 별명이 붙은 데에는 마거릿이 말을 할 때 취하는 특유의 모습과 말투 때문이었다.

영국은 신분과 계급 차이가 선명한 나라로, 각 계층마다 쓰는 말투가 조금씩 달랐는데 귀가 밝은 사람이라면 말만 들어도 그 사람의 신분을 알아차릴 수 있었다.

노동자 계급 출신이었던 마거릿은 여학교를 다닐 무렵부터 좀 더 높은 계급의 억양과 태도를 익히기 위해 무척이나 노력하였다. 그 때문에 마거릿은 대화를 할 때 코를 치켜들고 말했는데 상대방이 보기엔 깔보는 것 같은 느낌이 들게 하였고 말투 역시 잘난 체하는 것처럼 들렸던 것이다.

 "마거릿! 말을 할 때 고개를 좀 숙일 수 없니? 그것 때문에 공장 직원들이 널 뭐라 부르는지 알아?"

 연구실 동료가 충고를 할 요량으로 말을 꺼냈다.

 "알아. 공작부인이라 부른다며? 하지만 상관없어. 뭐라고 부르든 신경 쓰지 않을 거니까."

 마거릿은 정말 신경 쓰지 않았다. 회사를 다니는 것은 단지 돈을 벌기 위해서였고 그녀가 관심이 있는 대상은 따로 있었다. 정치였다.

 일이 끝나기 무섭게 그녀는 정치 집회나 보수당 선거 대책 위원회의 모임에 참석하였다. 그곳에 있을 때 마거릿은 편안함과 활기를 느꼈다. 그녀는 열성적으로 정치 모임에 참여했지만 현실적인 정치에 뛰어들 수 있는 기회는 우연하게 찾아 왔다.

 1948년, 보수당이 웨일스에서 개최한 연차 총회에 마거릿은 옥스퍼드 대학 졸업생의 대표로 참석했다. 그녀는 대학 친구인 존 그랜트를 만나 나란히 앉아 있었고 그랜트의 옆자리에는 켄트 주 다트퍼드의 보수당 클럽 회장 존 밀러가 있었다.

 서로 잘 알고 있었던 그랜트와 밀러는 인사를 하고 이야기를 나누기 시작했다.

"다트퍼드의 입후보 예정자는 누구입니까?"

"아직 정하지 않았습니다. 젊고 우수한 인재를 찾고 있습니다. 매우 힘든 선거구가 아닙니까?"

"그렇지요. 거긴 산업지대이기 때문에 전통적으로 노동당이 아주 강세이지요."

"그래서 강한 후보를 찾고 있습니다."

이때 그랜트가 농담 반 진담 반으로 말했다.

"젊고 우수한 여성을 고려해 보는 건 어떻겠습니까?"

"뭐라고요? 여성이라고 했습니까?"

그랜트의 말에 밀러는 깜짝 놀라지 않을 수 없었다. 거물의 남성도 힘든 판에 여성이라니!

"사실 누가 나선다고 해도 쉽지 않은 곳이잖습니까? 차라리 젊은 여성이 나선다면 그 자체만으로도 충분히 화제가 되지 않겠습니까?"

그랜트의 말은 일리가 있었다. 어차피 평범한 후보로는 승리할 수 없는 곳이었다. 하지만 화제를 불러일으킨다면 변수가 생길지도 모르는 일이었다.

"그럴 만한 후보자가 있습니까?"

"물론입니다. 그 후보자가 바로 여기 있습니다."

그랜트가 마거릿을 밀러에게 소개하였다.

사실 여성 후보를 내세우자는 생각은 그랜트가 옆에 있는 마거릿을 보고 우연히 떠올린 아이디어였다. 그런데 그 아이디어가 상당히 가능성이 있는 것으로 떠올랐다. 이제 23세에 불과한 마거릿이 하원 의원 선거에 뛰어들 수 있는 기회가 온 것이다.

그러나 마거릿에겐 '보수당 입후보자 선정위원회'를 통과해야 하는 과제가 남아 있었다.

각 정당의 후보로 지명되기 위해선 누구나 위원회의 심사를 통과해야 했다. 심사의 기준은 돈도 명성도 아닌 리더가 될 수 있는 소질과 정치가로의 자질이었다.

마거릿은 이미 학생 시절부터 연설에는 뛰어난 자질을 가지고 있었다. 논리 정연하고 설득력이 강했으며 강한 톤으로 열변을 토하는 모습이 무척이나 인상적이었다.

결선에 오른 3명의 후보 가운데 마거릿이 포함되었는데, 이례적으로 후보를 뽑는 시간이 오래 걸렸다.

마거릿의 나이가 너무 젊었기 때문에 심사위원들 간에 거센 논쟁이 벌어졌다. 아직 여성의 사회 참여가 활발하지 않은 시기였다. 심사위원들 중에는 여성을 후보로 뽑는 것에 대해 노골적인 불만을 터트리는 자들도 있었다. 하지만 마거릿의 가능성과 참신함, 그녀의 정치적인 자질을 높이 평가하여 결국 그녀를 후보로 최종 선정하였다.

마거릿이 보수당의 후보로 정식 선정되자 예상했던 대로 많은 화제를 불러일으켰다. 그녀가 여성이란 점도 나이가 젊다는 점도 모두 주목받기에 충분했던 것이다. 많은 언론에서 그녀를 취재하는 바람에 인지도가 대폭 상승하는 효과를 누릴 수 있었다.

마거릿은 상승한 인지도를 표로 연결하기 위해 노력하였다. 우선 집을 선거구인 다트퍼드로 옮겼고 직장도 선거구와 가까운 곳으로 옮겨 일이 끝나기 무섭게 선거를 위한 정치 활동에 주력하였다. 연설회, 강연회 등 선거에 도움이 될 수 있는 것이라면 무엇이든지 전력투구로 임했다.

선거 활동이 시작된 것은 마거릿이 지역구 후보로 선정된 지 2년이 지난 후였다. 선거 기간 동안 그녀는 직장에 휴가를 신청하고 선거운동에 뛰어들었다. 그 기간 동안에 마거릿이 집중적으로 힘을 쏟은 것은 집집마다 방문하는 것과 연설회에서 자신을 선전하는 것이었다.

선거가 얼마 남지 않은 어느 날, 보수당 의원 몇 명이 다트퍼드에 도착했다. 그들은 보수당의 대표로 선거에 나선 마거릿을 돕기 위해 지원 유세를 하고자 했다.

"이분이 요즘 언론을 장악하고 계시는 마거릿 후보님이로군요. 처음 뵙겠습니다. 에드워드 히스라고 합니다."

유난히 코가 인상적인 에드워드 히스가 불쑥 손을 내밀어 악수를 청했다. 마거릿은 히스와 처음 대면하는 것이었지만 그 이름은 익히 알고 있었다.

"마거릿 로버츠입니다. 이곳까지 와 주셔서 깊이 감사를 드립니다."

마거릿은 히스가 내민 손을 잡았다. 마치 노동으로 다져진 사람처럼 크고 단단한 손이었다. 악력이 세였는지 아니면 일부러 세게 잡았던 건지 모르지만 통증을 느낄 정도였다.

히스는 성별이 다른 것을 빼면 마거릿과 공통점이 많았다. 우선 둘 다

옥스퍼드 대학을 졸업했고, 오래전부터 정치를 꿈꿔 왔다. 또한 공격적인 연설과 자신이 믿는 바를 밀어붙이는 추진력도 서로 비슷했다.

영국에서는 정치인의 덕목 중에 연설하는 능력, 즉 웅변술을 무척이나 크게 생각한다. 그래서 정치를 꿈꾸는 사람은 누구나 웅변술을 연마하기 위해 노력하고 또 게을리하지 않는다. 말로 상대를 설득할 수 없는 사람과 상대방에게 말로 밀리는 사람은 정치가로서 실격이라고 보는 것이다.

히스는 그런 점에서 뛰어난 사람이었다. 비록 히스와는 그저 인사를 하는 정도의 짧은 대화를 나눈 것이 전부였지만 히스의 지원 유세를 들으며 마거릿은 그의 미래가 보통이 아닐 것이라고 직감했다. 그리고 그 직감은 정확히 맞아떨어지게 된다.

선거는 끝이 났다.

마거릿은 선거 기간 동안 그 누구보다 최선을 다했다고 생각했다. 실제로 그녀는 자신이 할 수 있는 모든 것을 쏟아부었다. 잠을 자는 시간은 서너 시간밖에 되지 않았고, 나머지 시간은 항상 바쁘게 뛰어다녔다.

진인사대천명! 할 수 있는 최선을 다하고 결과는 하늘에 맡긴다. 마거릿이 딱 그 심정으로 조용히 결과를 기다렸다.

노먼 도즈(노동당) 38,128표

마거릿 로버츠(보수당) 24,490표

패배였다.

사실, 선거 사무실에서 결과를 지켜보는 사람들은 마거릿의 패배를 예상하고 있었다. 이곳은 워낙 노동당이 강세한 지역이라 보수당 후보가 당선되는 것은 거의 불가능했다. 다만 혹시 모를 기적 같은 일을 기대했지만 역시 기적은 쉽게 일어나는 것이 아니었다.

아무리 예상한 일이라고 해도 패배는 패배였다. 마거릿의 가슴속에는 쓰라린 아픔이 파도처럼 밀려들었지만 꾹꾹 눌러 둔 채로 얼굴에 미소를 띠며 일어섰다.

주위에는 자신을 위해 갖은 노력을 다한 지지자들이 있었다. 그들에게 실망을 보여 줄 수 없는 것이다.

"다들 정말 고생이 많으셨습니다. 여러분의 지지와 헌신은 평생 저의 가슴속에 남아 있을 겁니다. 비록 이번에 패배했지만 전 멈추지 않을 것이며 또다시 도전할 것입니다. 여러분의 기대에 미치지 못한 점 거듭 고개 숙여 사과드립니다."

"마거릿, 당신은 패배한 게 아닙니다! 2만 4천 표나 얻지 않았습니까? 이 지역에서 그 어떤 보수당 후보도 그 정도의 표를 얻어 본 적이 없습니다. 당신은 승리한 것입니다, 마거릿!"

마거릿이 지지자들에게 숙연하게 말하자 자원봉사자 한 명이 소리쳤다. 그러자 다른 사람들이 박수를 치며 소리를 질렀다. 자원봉사자의 말처럼 마거릿은 비록 패배하긴 했지만 그동안 다트퍼드에서 출마한 그 어떤 보수당 후보보다 많은 득표를 하였다. 그것은 제법 의미 있는 일이었다.

"맞습니다. 우린 또 당신을 지지할 것이며 당신의 도전을 도울 것입니다. 실망하지 마세요. 마거릿! 우린 늘 당신 곁에 있습니다!"

"마거릿! 마거릿!"

열렬히 마거릿의 이름을 연호하며 환성을 지르는 지지자들의 뜨거운 박수는 가슴 벅찬 감동이었다. 마거릿의 눈가에는 어느새 눈물이 촉촉이 새어 나왔다.

깊은 밤이었다. 마거릿은 그 시간까지 잠들지 못했다. 이러니저러니 의미를 찾을 수도 있겠지만 패배는 패배였다. 젊은 혈기로 치른 선거였지만 패배의 고통은 그 열정만큼이나 쓰라렸다.

울고 싶었다. 목이 터져라 큰 소리로 울고 싶었다. 그 어린 시절 아버지를 따라다니면서 정치는 마거릿에게 운명 같은 것이었다. 그런데 운명은 아직 마거릿을 허락하지 않았던 것이다.

하지만 포기하고 싶은 마음은 추호도 없었다. 패배의 쓰라림만큼 투지도 솟구쳤다. 다시 도전하고, 쓰러지면 또다시 도전하리라 다짐했다. 시련에 굴복한 자가 꿈을 이룰 수는 없는 법이다.

마거릿에게 다시 도전할 수 있는 기회는 의외로 빨리 찾아왔.

총선을 치른 지 2년 만에 다시 총선거를 하게 된 것이다. 마거릿은 다시 다트퍼드의 보수당에서 후보로 선출되었다. 곧바로 그녀는 선거전에 뛰어들었다.

여전히 다트퍼드 지역은 노동당 강세 지역으로 보수당 후보인 마거릿이 당선될 가능성은 무척 낮았다. 마거릿도 그 사실을 잘 알고 있었다.

그것을 깨뜨릴 수 있는 방법은 열심히 선거운동을 하는 길뿐이라고 생각했다.

늘 그랬듯이 회사가 끝나면 다트퍼드로 가서 밤늦게까지 선거운동을 하고, 집이 있는 런던으로 돌아왔다. 신념 없이는 버틸 수 없는 고단한 스케줄이었다.

그러던 어느 날이었다. 선거운동을 끝낸 마거릿이 집으로 돌아가려고 사무실을 나섰다.

끼이익!

승용차 한 대가 막 사무실을 나온 마거릿 앞에 멈춰 서더니 한 남자가 내렸다.

데니스 대처였다. 그는 마거릿의 선거운동을 종종 도와주던 사람이었다.

"많이 늦었습니다. 제가 런던까지 태워다 주고 싶은데 허락해 주시겠습니까?"

"그래도 괜찮으시겠습니까? 그럼 신세를 좀 지겠습니다."

마거릿은 데니스의 요청에 순순히 응했다. 몸이 무척 피곤해 다른 생각을 할 여유가 없었다는 점도 있었지만 무엇보다도 데니스가 무척 마음이 놓였다. 첫눈에 반하거나 하는 강렬한 감정은 아니었지만 옆에 있으면 편한 느낌이었다. 그래서였는지 마거릿은 차 안에서 깜빡 잠이 들어 버렸다.

흠칫하며 마거릿이 눈을 떴을 땐 차창 밖으로 여명이 밝아 오고 있었다. 차는 런던의 어느 거리 가로수 옆에 서 있었다.

자신의 몸 위에 덮여 있는 데니스의 재킷을 내리며 마거릿이 물었다.

"도대체 어떻게 된 거죠?"

"너무 곤히 잠들어 있어서 깨울 수가 없었습니다."

"그렇다고 저를 깨우지도 않고 여태껏 기다리고 있었던 건가요?"

차에 오른 지 얼마 되지 않아 마거릿은 잠들어 버렸다. 마거릿의 집을 잘 모르는 데니스는 런던의 가로수가 늘어서 있는 도로 한쪽에 차를 세우고 마거릿이 잠에서 깨기를 기다리고 있었던 것이다. 아침이 될 때까지 말이다.

마거릿은 데니스의 마음 씀씀이가 무척이나 마음에 들었다.

그날 이후, 데니스는 적극적으로 마거릿의 선거 일을 도왔고 거의 매일 마거릿을 선거 사무실에서 런던의 집으로 데려다 주었다. 그사이 둘은 자연스럽게 연인이 되었고 결혼을 생각하게 되었다.

하지만 둘의 결혼에는 약간의 문제가 있었다. 제법 성공한 사업가였던 데니스는 마거릿보다 열 살 이상 나이가 많은 데다가 이미 이혼 경력이 있었다. 2차 세계 대전 중에 결혼한 데니스는 포병대에 입대하여 전쟁에 참전했고 전쟁 지역을 따라 돌아다니는 동안 부인과의 사이가 멀어졌던 것이다.

"제대하고 나니 아내하고는 이미 남남이 되어 있었습니다."

데니스가 자신의 과거를 솔직하게 마거릿에게 말했던 것이다.

엄격한 감리교 가정에서 자란 마거릿에게 이혼 경험이 있는 사람과의 결혼은 받아들이기 쉽지 않은 일이었다.

마거릿은 갈등했다. 아무래도 데니스의 이혼 경력이 마음에 걸렸던 것이다. 하지만 마거릿은 데니스를 사랑하고 있었다. 불처럼 뜨겁게 활활 타오르는 강렬한 사랑은 아니었지만 은은한 화톳불처럼 그녀의 가슴에 사랑이 자리 잡고 있었던 것이다.

"깊이 생각하고 내린 결정이냐?"

마거릿이 데니스와 결혼하겠다고 말했을 때 아버지 알프레드는 그렇게 물었다.

"네, 아빠. 심사숙고해서 내린 결정이에요."

아버지는 썩 마음이 내키지 않았지만 반대하지 않기로 했다. 그만큼 마거릿의 결정을 존중하고 믿었던 것이다.

사실, 데니스의 집안에서도 마거릿과의 결혼이 반가운 것만은 아니었다. 식품 잡화상의 딸이라는 마거릿의 신분이 너무 낮아 보였기 때문이었다.

데니스와 마거릿, 둘을 제외한 서로의 가족들은 다들 어딘지 모르게 찜찜한 결합이었지만 둘은 1951년, 가을 총선거 직전에 약혼을 하였다.

마거릿의 약혼은 선거 참모들을 긴장시켰다. 약혼 소식이 선거에 불리하게 작용할 것이 분명했기 때문이었다. 참모들은 약혼 소식을 선거가 끝난 후에 발표하기로 결정했지만 선거 전에 새어 나갔고, 결국 마거릿은 선거에서 패하고 말았다.

물론, 전적으로 약혼 때문에 선거에 패한 것은 아니었다. 워낙 노동당의 텃밭이라 선거 기간 내내 여론 조사에서도 이겨 본 적이 없었다. 비록 이러한 실패의 원인들이 있었지만 마거릿의 약혼이 득표율에 어느

정도 영향을 준 것도 사실이었다.

그해 12월, 마거릿은 선거 패배의 아픔을 뒤로하고 데니스와 결혼식을 올렸다. 로버츠에서 대처로 성이 바뀌며 마거릿 대처로서의 삶이 시작된 것이다.

가자! 빅벤을 향해!

마거릿은 욕심이 많았다. 일하는 여성으로서의 성공도 주부로서의 임무도 포기하고 싶지 않았다.

우선 마거릿은 두 번이나 선거에 패배한 이유에 대해 냉정하게 분석해 보았다. 여러 요인들이 있었지만 결론은 자신이 아직은 의원으로서 자질이 부족하다는 현실적 판단이었다.

이에 마거릿은 오래전부터 해 보고 싶었던 법률 공부를 시작하였다. 사실 국회의 가장 중요한 일 중에 하나는 입법부로서, 법을 만드는 일이다. 따라서 법을 이해하는 것은 의원에게 필수적인 요소라 할 수 있다.

법을 공부한다고 해서 살림을 포기한 것은 아니었다. 집 안 구석구석을 청소하고, 시장을 보아 음식을 만드는 일, 가구의 위치를 바꾸거나 벽지로 쓸 종이를 고르는 일은 남에게 맡기지 않았다.

마거릿은 여성이 결혼하면 일을 버리고 가정으로 들어가 안주하는 삶을 싫어했다. 다음은 그녀가 '선데이 그래픽'에 기고한 글이다.

여성들이여 깨어나라. 여성이 평등한 지위를 요구하기 위해선 남성과 마찬가지로 사회에서 일을 해야 하며, 가정을 위해 일을 포기해서는 안 된다. 여성이 일에서도 동등한 실력을 보여 준다면 주요 각료직에 여성이 임명된다고 한들 이상할 것이 없지 않은가.

결혼한 지 1년 8개월이 지나자 마거릿은 쌍둥이 남매인 마크와 캐롤을 낳았다.

어머니가 된다는 것은 지금까지 느껴보지 못한 색다른 경험이었다. 그녀 역시 여성이었기에 모성이 주는 희생과 사랑을 쌍둥이 아이들을 보며 느꼈던 것이다.

하지만 한편으로는 무척 고민스러웠다. 변호사 시험이 다가왔던 것이다. 과연 이 두 갓난아이를 돌보며 그 지독한 시험공부가 가능할 것인지 확신할 수가 없었던 것이다. 시험공부에 매진한다면 아무리 신경을 쓴다고 해도 그만큼 소홀할 게 분명할 터였다. 마거릿의 품에 안긴 두 아이는 천진난만한 표정으로 마거릿을 보며 방긋방긋 미소를 지었다.

"마크, 캐롤. 미안하구나. 엄마를 이해해 주렴. 엄마는 일을 포기할 수 없구나. 하지만 이것 하나는 분명히 약속할게. 너희에게 최선을 다하겠다는 것, 그리고 늘 사랑한다는 것."

다행히 남편 데니스의 수입이 넉넉해서 쌍둥이를 돌볼 보모를 고용할 수 있었다. 그런 점에서 마거릿은 확실히 운이 좋았다. 대다수의 결혼한 여자들이 돈과 관련된 육아 문제를 해결하지 못해 일을 포기할 수밖에 없었던 것이다.

마거릿은 출산 후 제대로 몸을 추스를 틈도 없이 시험공부에 매달렸다. 아이들까지 보모에게 맡겼으니 시험에 떨어진다면 아이들을 볼 면목이 없게 된다고 자신을 다그쳤다. 그런 집중력 때문인지 마거릿은 출산 후 4개월 만에 변호사 시험에 합격하였다.

"오, 마크, 캐롤! 엄마가 변호사 시험에 합격했단다! 그동안 많이 안아 주지 못해 미안하구나. 하지만 이 엄마는 누구보다도 자랑스러운 엄마가 될 거란다. 지켜보렴."

마거릿은 두 아이를 안아 들고 기쁨을 만끽했다.

그동안 모유를 수유하는 시간을 빼고 거의 안아 보지 못한 두 아이였다. 그날만큼은 마거릿이 두 아이들과 함께 편안하고 행복한 시간을 보냈다.

변호사 시험에 합격한 마거릿은 세금 전문 변호사 자격을 얻기 위해 6개월 동안 실무 수습 기간을 거쳤다. 수습 기간 동안 함께했던 그녀의 직속상관은 세금 문제 관련 전문가 피터 롤런드라는 변호사였다.

훗날 롤런드는 한 언론과의 인터뷰에서 이런 말을 한 적이 있었다.

"사무실에 도착했는데 한 여성이 저를 기다리고 있었습니다. 수습 변호사로 세금 문제를 배우기 위해 대기하고 있던 마거릿 대처였습니다.

전 마거릿이 여성이어서 속으로 무척 당황했지요. 여성 변호사를 가르쳐 본 적도 없었고 잘 할 수 있을지에 대한 의구심도 있었거든요. 하지만 저의 생각은 곧 달라졌습니다.

그녀에게는 변호사로서의 첫째 요건인 남의 이야기를 잘 듣는 능력이 있었거든요. 진지하고 신중하게 다른 사람의 말을 들었지요."

마거릿은 훗날 수상이 되고 나서 독재자라느니 철의 여인이라느니 독불장군이라느니 하는 말들을 많이 듣게 된다. 하지만 그녀는 남의 이야기나 의견을 결코 무시하는 사람이 아니었다. 오히려 결정을 내리기 전까지 폭넓은 의견을 접해 보는 스타일이었다. 그런데도 그런 별명이 붙은 이유는 한번 결정을 내린 일을 좀처럼 바꾸려 들지 않았기 때문이었다.

세금 문제 관련 변호사로 5년을 보내면서 마거릿은 결코 정치를 포기하지 않았다. '보수 변호사 모임'에도 가입하고 보수당의 공천을 받기 위한 테스트에도 꾸준히 응모하였다.

하지만 보수당 공천에 번번이 탈락하였다. 어린 쌍둥이를 둔 주부라는 편견 때문이었다. 어린 아이들을 키우면서 의회 일을 하는 것이 여성에게는 아무래도 힘들 거라고 생각했던 것이다.

1959년, 어느 날이었다.

"변호사님 됐습니다! 드디어 됐다고요!"

마거릿이 앉아 있는 대기실 안으로 비서이자 사무장인 시즐러가 뛰어들어오며 소리쳤다. 40대 초반의 시즐러는 2년 전부터 대처 사무실의 사무장으로 있으면서 비서 역할까지 수행하는 충실한 부하였다.

"무슨 일인가요?"

"변호사님이 핀츨리 선거구의 보수당 후보로 선출됐다고요! 반수도 넘게 득표를 했어요."

"그, 그게 정말인가요?"

시즐러의 말에 마거릿이 깜짝 놀라 자리에서 일어서며 물었다.

"네. 정말로 선출됐습니다. 방금 개표를 했는데 이겼습니다. 곧 발표가 있을 겁니다."

"그렇군요. 다행이군요."

마거릿은 혼잣소리처럼 중얼거리며 자리에 스르르 주저앉았다. 그토록 기다렸던 일이 현실이 되자 도리어 맥이 탁 풀렸던 것이다.

"핀츨리 선거구는 보수당 강세 지역이니 후보로 뽑히셨다면 이미 변호사님께서 의원으로 당선된 거나 마찬가지입니다."

"그런 소리하지 마세요. 선거는 그 누구도 승리를 장담할 수 없는 겁니다. 아무리 유리하다 해도 그런 자만심이 드러난다면 실패하고 말 겁니다."

마거릿은 단호한 목소리로 말했다. 그것은 어쩌면 자기 자신에게 하는 말인지도 몰랐다.

"죄송합니다, 변호사님. 조심하도록 하겠습니다. 그럼 전 이만 사무실로 가서 선거에 대비하여 대책을 마련해야겠습니다."

"아무튼 무지 급하시군요. 아직 수락 연설도 하지 않았는데."

"미리 준비해서 나쁠 게 없다고 말하신 건 변호사님이시잖습니까? 그럼 나가 보겠습니다."

시즐러가 살짝 눈웃음을 지은 뒤 방을 나섰다.

마거릿은 실감이 나지 않았다. 변호사가 된 후 5년 동안 많은 지역구에 공천 신청을 하였지만 번번이 공천에서 탈락하였다. 아이를 가진 여성이라는 이유는 커다란 벽처럼 마기릿의 앞을 막아섰다.

핀츨리 선거구도 마찬가지였다. 이곳은 1935년 이래 보수당 의원인 존 크라우더가 연속 당선된 곳으로, 그가 은퇴를 하면서 빈자리가 생긴 것이다.

오랫동안 보수당의 중심인 만큼 이 선거구에 많은 지원자가 몰렸다. 보수당의 후보자로 뽑힌다면 당선은 보장된 거나 마찬가지였기 때문이었다.

마거릿은 지원 자체를 망설였다. 그동안 공천에서 많이 탈락했었기에 능력이 좋은 사람들이 많이 몰린 이곳에서 선출되기 어려울 것 같았다. 하지만 마거릿은 예상을 깨고 최종 후보자 4인에 선정되었고 100여 명의 핀츨리 지역 평의원들 앞에서 연설하게 되었다. 평의원*들에게서 과반수 득표를 얻은 사람이 당선자가 되는 것이다.

조용히 앉아 있던 마거릿이 자기 차례가 되자 단상으로 올라갔다.

100여 명의 평의원들이 일제히 마거릿을 바라보았다. 마거릿은 특유의 차분하면서도 공격적인 목소리로 보수당의 미래에 대해서 연설했다.

연설이 끝나고, 1차 투표에서 과반수를 얻은 사람이 없어 2차 투표까지 진행되었다. 2차 투표에서 마거릿이 압도적으로 과반수를 득표해 핀츨리 지역 보수당 후보로 선정되었다. 평의원들은 마거릿이 여성으로서 자수성가한 점을 높이 평가했던 것이다.

보수당 후보로 마거릿이 선출된 후, 본격적인 선거가 시작되었다.

평의원 : 어떤 일을 심의하는 데 참여하는 사람.

마거릿은 이미 선거에 단련이 되어 있었다. 불리한 지역에서의 두 번의 선거는 그녀가 선거를 이해하는 데 충분한 경험이 되었다. 게다가 핀츨리 지역은 보수당이 유리한 지역이었다.

그렇다고 해서 마거릿이 반드시 당선된다는 보장은 없었다. 누구보다도 마거릿은 선거에서 누가 당선될지 불확실하다는 것과 예측이 불가능하다는 사실을 잘 알고 있었다.

마거릿은 직접 발로 뛰는 전략을 선택했다. 한 명의 유권자라도 더 만나 손을 잡는 것처럼 확실한 방법이 없다는 걸 잘 알고 있었다. 그러기 위해서는 새벽부터 늦은 밤까지 강행군을 할 수밖에 없었다.

"변호사님은 도대체 언제 주무시는 겁니까? 아니 주무시긴 하나요?"

마거릿을 따라다니던 시즐러가 파김치가 되어 투덜거렸다.

"피곤하면 잠시 눈을 붙이세요."

"변호사님이 뛰어다니시는데 그럴 순 없죠. 가시죠, 변호사님."

마침내 모든 투표가 끝나고 개표가 진행되었다. 개표 결과는 거의 새벽이 되어서야 집계되었다.

마거릿 대처(보수당) 29,697표

에릭 디킨즈(노동당) 13,437표

헨리 스펜서(자유당) 12,701표

압도적인 차이로 마거릿이 하원 의원에 당선되었다. 오랫동안 가슴속에 품어 왔던 꿈이 드디어 이루어진 것이다.

"고생했구나."

마거릿의 선거 사무실에서 결과를 기다리던 아버지 알프레드가 마거릿을 안아 주었다.

"와아아아! 마거릿! 마거릿!"

그 순간, 선거 사무실을 가득 메우고 있던 마거릿의 지지자들과 운동원들이 일제히 함성과 박수를 쳤다.

마거릿의 가슴속은 마치 해일이 몰려든 것처럼 벅차올랐는데 지금껏 그 어떤 경험보다도 감격스러웠다. 꿈을 이룬다는 것이 이토록 충만한 느낌과 감동을 주는 것이라니!

눈물이 솟구쳐 올랐지만 끝내 눈물을 참고 지지자들에게 차분한 목소리로 감사를 전했다.

"감사합니다. 저를 지지해 주셔서. 이렇듯 성원해 주셔서 감사합니다. 누구보다 열심히 할 것이라고 약속합니다.

이 자리에 저의 아버님이 계십니다. 저의 꿈은 바로 여기 아버지로부터 시작되었다는 것을 고백합니다.

제게 꿈을 심어 주셔서 감사합니다. 또한 그 꿈을 이룰 수 있게 해 주셔서 감사합니다. 이제 저는 국가와 국민을 위해 최선을 다할 것입니다."

"와아~!"

"마거릿! 마거릿!"

짝짝짝짝!

함성과 박수 소리가 오래도록 핀츨리 거리로 퍼져 나갔다.

자동차가 멈춰 서자 마거릿이 차에서 내렸다. 마거릿의 눈앞에 국회 의사당의 웅장한 건물과 하늘을 찌를 듯이 오만한 자세로 서 있는 시계탑 빅벤의 모습이 들어왔다.

마거릿은 한참 동안 그 자리에 선 채로 빅벤을 올려다보았다. 커다란 초침이 움직였는데 마치 귀에 초침이 움직이는 소리가 들리는 것 같았다. 마거릿은 자신의 시계를 바라보았다.

그녀의 시계는 빅벤의 시간과 정확히 일치하고 있었는데 자신의 시계를 5분 빨리 앞당겨 맞춰 놓고는 의사당 건물 안으로 들어섰다.

시계를 5분 앞당긴 것은 젊은 초선* 의원인 마거릿이 국회에서의 활동에 대한 자신의 의지를 다진 것이었다. 남보다 빨리, 성실하게, 그리고 정확하게 일을 할 것이라는 다짐이었다.

마거릿이 국회의원에 도전한 지 10년 만에 하원 의원에 당선되었지만 막상 하원 의원이 되자 뜻밖의 행운들이 찾아들었다. 자신이 가장 관심을 두는 문제를 법안으로 만들어 의회에 제출할 수 있는 법안 제안자로 뽑힌 것이다. 의원들 중 불과 6명만이 뽑힐 수 있는 추첨으로 마거릿이 뽑혔다는 것은 대단히 운이 좋았다고 말할 수 있다.

마거릿이 입법 의원으로 뽑혔을 즈음, 노팅엄 시에서 신문 인쇄공들이 노동조합이라는 단체를 이루어 파업을 하기 시작했다. 이에 몇몇 신문사에서는 파업에 참여하지 않은 인쇄공들을 끌어모아 인력을 대체하

초선 : 처음으로 뽑거나 뽑힘.

면서 파업에 대항하였다. 파업을 주도한 노동조합은 이 사실에 크게 분개했다. 그리고 노동당에 압력을 가해 파업에 가담하지 않은 신문기자를 시의회에 출입할 수 없도록 만들었다. 신문기자는 정당하지 않은 이유로 시의회에 들어갈 수 없었기 때문에 자신의 자유의지에 따라 행동할 수 없게 되는 것이다.

마거릿은 이 일이 언론의 자유에 대한 심각한 도전이라고 생각했고 신문과 일반 대중과의 관계를 보호하는 법안을 만들기로 작정하였다.

1960년 2월, 마거릿은 의회에서 첫 연설에 나섰다. 법안 제출의 취지를 설명하기 위해서였다.

의사당에는 의원들과 언론 관계자들로 조금의 여유도 없이 가득 들어차 있었다. 화제의 중심에 있는 마거릿을 직접 보기 위해서였다.

사실, 마거릿이 하원 의원에 당선되면서부터 이미 전국적인 화제를 불러 모았다. 나이도 무척이나 젊은 여성이 당선되었다는 것은 그 자체만으로 충분한 기삿거리였다. 이에 언론에서 마거릿에 대한 보도가 줄을 이었는데 그 덕분에 일종의 스타 정치인이 된 것이다. 그런 마거릿이라는 여성이 어떤 사람인지 직접 보기 위해 모인 것이었다.

정치인이 주목을 받는 건 사실 큰 행운이었다. 정치인도 어떤 면으로는 연예인과 비슷한 부분이 있어서 인기를 얻게 되면 거물 정치인으로 성장하게 되고 정당의 대표는 물론 수상까지 될 수도 있었다.

다만 그러기 위해선 실력이 뒷받침되어야 했다. 인기는 거품일 수 있는 것이다. 거품이 걷혔을 때 실력이 없는 자는 거품과 함께 사라지기 마련이다.

  지금의 엄청난 화제가 정치인의 인기로 연결되느냐 혹은 그저 일시적인 관심으로 사라져 버리느냐는 마거릿이 보여 줄 수 있는 능력에 달려 있었다.

  언론을 대하는 태도라든가 혹은 국민을 설득하고 이끌 수 있는 지도력이 중요했는데 그런 것을 보여 줄 수 있는 것이 바로 연설이었다.

  마거릿이 단상에 올랐다. 의사당 안에 있는 모든 사람들의 눈이 마거릿을 향했다.

  "저는 오늘 이 자리에서 자유를 말할 것이며 국민의 알 권리가 어떻게 억압받고 있는지를 설명할 것입니다."

  마거릿은 특유의 자신감 넘치는 목소리로 연설의 첫머리에서부터 법안에 대한 설명을 시작하였다. 그러자 의사당 군데군데에서 낮은 웅성거림이 간간이 들렸다. 대부분의 처녀 연설자들은 먼저 지역구 사람들과 의원들에게 뽑아 주셔서 감사하다는 마음부터 표시하는 것이 무언의 약속이었다. 이런 관례를 깨는 마거릿의 모습이 제법 신선했지만 몇몇은 무례하다고 느꼈고 그 무례함에 대한 웅성거림이 있었던 것이다.

  마거릿은 흔들림 없이 연설을 이어 나갔다. 27분간 메모도 보지 않은 채 연설을 이어갔는데 그녀의 연설은 무척이나 논리적이었고 설득력이 있었다.

  다음 날 '데일리 텔레그래프' 신문은 마거릿의 연설에 대해 이렇게 평했다.

 논의가 많은 복잡한 법안을 메모도 보지 않고 거의 30분 동안이나 연설한 것은 각료급이었다.
 그녀에게는 하원의 분위기를 장악하는 섬뜩할 정도의 본능이 있었다. 일반적으로 이것을 장악하려면 몇 년이나 걸리고, 보통 사람들은 대부분 결코 장악하지 못하고 끝나버린다.

 대단한 찬사가 아닐 수 없다. 그녀는 처녀 연설 한 번으로 정치가로서의 자질을 인정받은 셈이었다. 마거릿이 가지고 있는 여성 정치가라는 화젯거리와 정치가로서의 자질은 그녀에게 엄청난 기회를 가져다주게 된다.

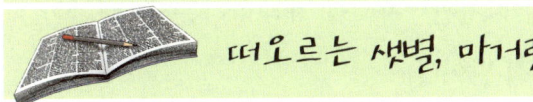
떠오르는 샛별, 마거릿

따르르릉~!

마거릿의 책상 위에 놓인 전화벨이 울렸다.

"예. 마거릿 대처입니다."

"안녕하십니까? 해럴드 맥밀런입니다."

맥밀런이란 말에 마거릿은 깜짝 놀랐다. 맥밀런은 현재 수상이었던 것이다.

"수상님께서 어쩐 일로 저를 다 찾으셨습니까?"

"한번 뵙고 싶은데 시간을 내 주시겠습니까?"

"그러지요. 편하신 시간을 말해 주시면 제가 맞춰 보겠습니다."

전화를 끊고 나서 마거릿은 한동안 멍하니 앉아 있었다. 수상이 직접 자신을 찾을 줄은 생각지도 못했던 것이다. 맥밀런 수상은 마거릿을 만난 자리에서 더욱 놀라운 제안을 하였다.

"연금국민보험성의 성무차관 자리를 맡아 주시겠습니까?"

이제 2년째인 초선 의원에게 차관* 자리를 제의한다는 건 대단한 행운이었다. 그것도 수상이 직접 말이다.

잠시 호흡을 가다듬은 마거릿이 대답했다.

"열심히 해서 수상님을 실망시키지 않겠습니다."

마거릿은 수상의 제안을 망설임 없이 받아들였다. 훗날 마거릿은 언니 뮤리엘에게 이날의 일에 대해서 말한 적이 있었다.

"기회가 왔을 때 그걸 받지 않으면 눈밖에 나버리지."

이것은 마거릿의 특징 중 하나인 '기회를 포착하고 움켜쥐는 능력이 뛰어남'을 단적으로 보여준 예라 할 수 있다.

마거릿은 정치 생활을 하는 내내 바로 '기회를 포착하는 것'에서 발군의 능력을 보여 주었다. 그녀는 과감히 도전해야 할 때와 한 걸음 뒤로 물러서 있을 때를 본능적으로 알아차렸다.

마거릿은 맥밀런 수상을 만나고 집으로 돌아가는 차 안에서 자신의 가슴속에 새로운 야망이 자리 잡고 있음을 알고 놀라지 않을 수 없었다. 그것은 새로운 꿈이었다.

사실 마거릿은 하원 의원에 당선되면서 자신에게 이제 더 이상 이룰 꿈이 없을 것이라고 생각했다. 하지만 그것은 착각이었다. 마거릿의 가슴속엔 더욱 원대한 꿈이 자리 잡고 있었다. 그것은 바로 권력의 정점이었다. 그렇지만 그것은 누구에게도 말할 수 없는 꿈이었다.

차관 : 소속 장관을 보좌하고 장관의 업무를 대신할 수 있는 국가 공무원.

정치가는 권력에 대한 욕심을 드러내려 하지 않는다. 국민은 노골적으로 권력에 대한 욕심을 드러내는 정치인을 좋아하지 않는다. 뿐만 아니라 주위의 동료들 역시 권력을 탐하는 자들을 좋아하지 않는다.

하지만 정치가는 그 누구나 권력에 대한 열망을 가지고 있고 그것을 좇는 사람들이다. 말하자면 철저히 자신을 위장한 채 한 걸음 뒤에 물러서 있는 듯이 행동한다. 비록 그것이 위선이라 할지라도 사람들은 그런 정치인의 모습을 좋아하는 것이다.

마거릿은 권력이 가진 그런 속성을 잘 알고 있었다. 그렇기에 그녀는 조용히 가슴속에 야망을 묻어 두고 때를 기다려야 하며 지금은 주어진 일에 최선을 다해야 한다고 생각했다.

그녀가 맥밀런 내각의 일원으로 전력을 다해 내각과 정부를 지켜내기 위해 노력할 무렵은 이미 맥밀런 내각이 몰락하고 있을 때였다.

1960년, 맥밀런 수상은 지지율이 79%에 이르는 영국 역사상 가장 인기 있는 수상이었다.

유머 넘치는 웅변 솜씨, 인간적으로 따뜻한 인품, 거기다 타협과 중재가 뛰어난 정치적 능력까지 갖추어 '슈퍼 맥'이란 애칭으로까지 불렸다.

그러나 경제 불황으로 실업률이 늘고, 찬란했던 대영제국의 위용은 서서히 그 빛을 잃어 갔다. 이에 맥밀런은 경기를 회복시키기 위해 정부 지출을 확대하는 정책을 쓰려 하였다. 하지만 정부의 지출이 늘어나면 재정* 적자가 늘어나고 인플레이션*이 될 거라는 우려로 반대하는 사람들이 많았다.

맥밀런은 자신의 정책에 반대하는 사람들을 해임시키고 자신을 지지하는 사람들을 대거 내각에 등용했다. 이러한 독선은 맥밀런이 소속된 보수당 내부에서 많은 비판을 불러와 그의 몰락을 더욱 부채질하였다.

거기다 존 프러퓨모 국방 장관과 소련의 스파이로 지목된 여자와의 스캔들까지 불거지면서 맥밀런 정권은 치명상을 입게 되었다. 결국 당 내외에서 쏟아지는 비난을 더 버틸 수 없게 된 맥밀런은 병을 핑계로 당의 대표직과 수상직에서 물러났다.

후임으로 더글러스 홈이 수상에 취임하였다.

당시 정당의 대표를 선발하는 과정은 당 의원들의 투표로 이루어지지 않았다. 전임 대표와 당의 장로들로 구성된 이른바 '매직 서클'에서 선출하였다. 매우 비민주적인 관례였다.

수상으로 취임한 더글러스 홈은 취임 후 1년도 되기 전에 총선거를 실시하여 국민들의 신임을 얻고자 하였다.

그리하여 1964년 총선거가 실시되었다. 보수당으로서는 무척이나 고전이 예상되는 선거였다.

마거릿은 자신의 선거구인 핀츨리에 출마하였는데 전혀 예상할 수 없던 일이 생겨 자칫 선거에서 패배할 수 있는 위기에 몰리게 되었다.

"도대체 무슨 일이 벌어진 거죠?"

재정 : 정부의 경제적 상태.
인플레이션 : 통화량이 늘어나면 화폐 가치가 떨어지고 물가가 계속적으로 올라 국민들의 실질적 소득이 감소하는 현상.

"그게…… 골프장에서 유태인의 출입을 거부하는 사건이 있었는데 이 골프장의 회원 대부분이 보수당원이랍니다. 그래서 유태인들을 중심으로 보수당을 거부하는 항의 시위가 확산되고 있습니다."

"무슨 조치를 취하지 않는다면 이번 선거에 상당한 영향을 미칠 겁니다."

참모들은 근심이 가득한 표정으로 상황을 지켜보고 있었다.

마거릿은 유태인과 생활해 본 경험이 있었다. 어린 시절, 그녀의 집으로 피난 온 에디스에게서 유태인에 대한 많은 것들을 배웠기 때문에 누구보다도 유태인들의 아픔을 이해하고 있었다.

마거릿은 선거구의 유태인들에게 자신의 이러한 경험을 알리면서 유태인에 대한 이해를 구하는 한편, 보수당 지지자들의 결집을 호소했다.

"선거에서 이기기 위해서는 단 하나의 길밖에 없습니다. 거리에 나가 싸우는 것이고, 계속 보수주의자로 남는 것이며, 흩어지지 않는 것입니다. 그렇게 한다면 마지막에 승리하는 것은 보수당일 것입니다."

마거릿의 전략은 훌륭히 지역구에 먹혀들었고, 그녀는 경쟁 후보들 사이에서 넉넉한 차이로 승리를 하였다. 그러나 보수당 전체를 봤을 때는 13개의 의석 차이로 노동당에 패해 정권을 내줄 수밖에 없었다. 노동당 대표인 해럴드 윌슨의 정치력에 보수당이 참패를 한 것이나 마찬가지였다.

이에 보수당 내에서 선거 패배의 책임을 지고 더글러스 홈 대표가 사임해야 한다는 요구가 빗발치면서 그 목소리가 점점 거세졌다. 결국 더글러스 홈은 대표직에서 사임을 하였다.

뿐만 아니라 보수당 내의 오랜 관행들을 개혁해야 한다는 쇄신론이 불거졌다. 그중 대표적인 것이 전임 대표와 장로가 후임 대표를 결정하는 '매직 서클 시스템'을 없애고 하원 의원들이 직접 투표로 자신이 속한 당의 대표를 결정하는 것이었다.

마침내 오랜 격론 끝에 매직 서클이 폐지되고 1965년 보수당 대표 선거가 실시되었다.

대표 선거가 한 달여 남은 6월, 런던은 일찍 찾아온 더위에 무척 후덥지근하였는데 마침 오후에 소나기가 내려서인지 습도까지 높아져 끈적끈적한 더위가 저녁까지 이어졌다.

마거릿은 늘 정장 차림의 깔끔한 옷을 즐겨 입었는데 그 때문인지 더욱 더운 느낌이었다. 그나마 약속 장소인 레스토랑 안으로 들어서자 천장 위에 달린 선풍기 바람 덕분에 제법 시원한 기운이 느껴졌다.

고급스러운 레스토랑 안은 저녁 시간이었지만 사람들이 거의 보이지 않았다. 상류층 인사들이 주로 이용하는 룸 형식의 레스토랑이었는데 언론에 꼬리를 밟히고 싶지 않은 정치인들이 만남을 가질 때 주로 이용하는 곳이었다.

"어서 오십시오. 제가 안내하겠습니다."

깔끔한 차림의 종업원은 마거릿이 안으로 들어서자 기다렸다는 듯 깍듯이 인사를 올리고는 그녀를 안으로 안내하였다.

똑똑!

종업원이 노크를 하고는 문을 열었다. 방 안에는 히스가 앉아 있었다.

히스와 마거릿은 오래전에 이미 안면이 있었다. 처음 마거릿이 하원 의원 선거에 나섰을 때 이미 보수당 하원 의원이었던 히스가 그녀의 선거를 지원하기 위해 연설을 한 적이 있었던 것이다. 또한 그들은 옥스퍼드 대학교를 졸업한 동문이기도 했다.

마거릿이 하원 의원에 당선되기까지 10여 년의 시간 동안 히스는 보수당 내에서 꽤 단단한 자기 세력을 갖춘 거물로 성장해 있었는데 이번에 매직 서클이 사라지고 의원들이 직접 투표하는 시스템이 도입되자 대표 선거에 출마했던 것이다.

히스는 마거릿에게 자신을 지지해 줄 것을 요청하기 위해 그녀를 만나고자 했다.

"날씨가 무척 덥습니다."

"그러네요."

"아이들을 키우면서 일을 하시는 게 쉽지 않을 터인데 빈틈이 없으시더군요."

"그저 최선을 다하고자 할 뿐입니다."

"이제 영국은 능력 있는 사람들이 국정을 운영해야 한다고 생각합니다. 전 대처 의원께서 기회가 주어진다면 누구보다 훌륭한 업적을 낼 것이라 확신하고 있습니다. 그게 어떤 자리이든 말입니다."

"과찬이십니다."

"그렇지 않습니다. 제게 그럴 능력이 주어진다면 전 대처 의원에 대한 저의 믿음을 시험해 볼 작정입니다."

식사를 하던 마거릿이 흠칫 히스를 바라보았다. 히스가 무엇을 말하고 있는지 그 뜻을 모를 마거릿이 아니었다. 히스는 아무 일도 없었다는 듯이 식사를 계속하였고 헤어질 때까지 더 이상 말이 없었다. 히스는 노련한 정치인답게 자신의 지지를 직접 호소하지 않았지만 자신의 뜻을 명확히 전달할 줄 알았다.

히스가 말하고자 했던 것은 마거릿이 자신을 지지해 줘서 자신이 보수당의 대표가 된다면 마거릿을 등용하겠다는 뜻이었다.

마거릿은 그 만남이 아니었어도 히스를 지지할 생각이었다. 후보로 나온 사람들 중에 노동당의 윌슨 대표와 싸울 만한 능력을 가진 사람은 히스밖에 없다고 생각했기 때문이었다.

히스는 공격적이었고 자신감도 넘쳤다. 때론 자신감이 넘쳐 독선으로 비춰질 때도 있었지만 정치적인 능력은 뛰어난 사람이었다.

바로 그런 장점 덕분에 히스는 보수당의 대표 선거에서 대표로 당당히 선출되었다.

대표로 선출된 히스는 자신의 구상대로 '그림자 내각'을 임명하였다.

그림자 내각이란 야당, 즉 집권하지 않은 정당에서 집권할 경우를 대비해 미리 장관이나 각료를 정해 두는 것으로 장관이 될 사람들이 자신의 역할을 앞서 학습하는 것이다. 훗날 야당이 정권을 잡을 경우 정해둔 그대로를 실행하게 되기 때문에 정권이 바뀌어도 갑작스런 혼란이 크지 않은 정치 제도이다.

히스는 그림자 내각을 이끄는 5년 동안 자신의 장담했던 것처럼 마거릿을 다양한 부문의 장관으로 임명하였다.

1965년 주택토지 장관, 연금 장관

1966년 재무 장관

1967년 연료전력 장관

1968년 교육 장관, 운수 장관

　마거릿은 많은 자리를 역임하였다. 이것은 그녀에게 있어 엄청난 행운이자 정치적 배움의 장이었다.
　그녀는 많은 장관직을 거치면서 다양한 실무적인 경험을 쌓게 되었는데 정치인으로서는 엄청난 자산이나 마찬가지였다. 또한 여러 자리를 거치는 동안 당 내에서의 입지도 그만큼 커져 갔다.
　따지고 보면 정치가로서 마거릿을 키운 것은 히스라고 봐도 과언이 아닐 정도였다.

　1970년, 마침내 히스가 이끄는 보수당은 노동당을 누르고 총선에서 승리를 거둠으로써 정권을 차지하였다.
　보수당 대표로서 수상에 오른 히스는 마거릿을 교육부 장관에 임명하였다. 그림자 내각이 아닌 실제 내각의 장관 자리에 임명된 것이다. 마거릿은 자신의 가슴 속에 품고 있는 새로운 꿈을 향해 한 발 한 발 나아가고 있었다.
　그것은 지금까지 영국의 그 어떤 여성도 이루지 못한 원대하고 커다란 꿈이었다. 빅벤의 맨 꼭대기와 같은 권력, 가장 높은 정점인 수상이 되는 것이었다.
　사실 마거릿이 언제부터 수상을 꿈꿨는지는 알 수 없다. 어린 시절 존

경했던 처칠 수상의 연설을 들으며 막연히 꿈꿨을 수도 있고 커 가는 과정에서 다른 수상들을 보면서 그런 생각을 했을지도 모른다.

하지만 이제부터는 그녀의 마음속에 있는 그저 막연한 꿈이 아닌 선명한 모습으로 조금씩 실체를 드러내고 있었던 것이다.

이렇듯 어떤 의미에서는 승승장구하고 있던 마거릿에게 커다란 난관이 들이닥친다.

그것은 마거릿이 가장 존경하고 신뢰하던 아버지 알프레드의 죽음이었다. 언제, 어떤 자리에서든 파파papa라는 단어를 자연스럽게 썼을 정도로 알프레드는 마거릿에게 엄청난 영향을 끼친 인물이었다. 그녀를 정치 세계로 이끌었으며 그녀가 믿는 신념의 대부분을 가르쳐 주었던 아버지. 그런 아버지의 죽음은 마거릿에게 큰 충격이었고 시련이었다.

그리고 또 하나는 교육부 장관으로 임명된 후 시행한 몇 가지 교육 정책이 큰 반발을 불러와 정치적으로 심각한 위기에 몰린 것이었다.

Don't panic!

"에엣? 지, 지금 학교로 가신단 말입니까?"

"이미 예정된 스케줄이잖습니까? 뭐가 잘못됐습니까?"

교육부 장관인 마거릿은 리버풀 기술 공업학교에서 강연을 하기로 되어 있었다.

"지금 상황이 심상치가 않습니다. 장관님의 강연 소식을 알고 많은 학생들이 학교로 몰려들어 시위 중이라는 소식이 있었습니다. 그런 곳에 가신다는 것은 정말 위험한 일입니다."

"상관없어요. 설마 절 해치진 않겠지요."

"농담으로 받아들일 일이 아닙니다. 정말 분위기가 좋지 않습니다. 다음으로 미루는 것이……."

"무슨 소리를 하는 겁니까? 강연은 학생들과의 약속입니다! 제가 결정한 정책 때문에 학생들을 두려워한다면 저의 정책이 잘못됐다는 것을 스스로 인정하는 꼴이 아닙니까! 당장 차를 준비시키세요!"

마거릿이 버럭 비서에게 소리를 질렀다. 좀처럼 언성을 높이는 법이 없던 그녀이기에 비서관이 깜짝 놀라 방에서 도망치듯이 뛰쳐나갔다.

"알겠습니다. 차를 대기시키겠습니다."

마거릿은 교육부 장관으로 임명되고 나서 심기가 편할 날이 없었다.

긴축재정*을 공약으로 내걸어 수상으로 당선된 히스는 정부 각 부분의 재정을 삭감하였는데 교육부도 예외는 아니었다. 어쩔 수 없이 마거릿은 갑작스럽게 줄어든 예산으로 교육부의 살림을 꾸려 나갈 수밖에 없었다.

마거릿은 교육부 지출 항목을 꼼꼼히 체크하여 예산을 줄일 수 있는 항목을 선정하였는데 그중에 초등학교 학생들에게 무료로 지급되던 우유를 유료화하였던 것이다. 그것으로 상당한 예산을 절감할 수 있게 되었지만 당연히 큰 반발을 불러 왔다.

학생, 학부모는 물론이고 언론까지 마거릿을 밀크 스내처*, 대처 스내처, 얼음 소녀라고 하며 온갖 비난을 퍼부었다.

마거릿의 인기는 하루아침에 절벽 밑으로 떨어진 것처럼 급작스러웠다. 가장 인기 없는 여성에 마거릿이 선정될 정도였다.

마거릿이 모습을 드러내면 대중들은 그녀에게 심한 야유를 쏟아부었지만 그럴 때마다 그녀는 미소로 화답했다. 심지어 그들은 그녀가 근무하는 공관 사무실 근처에서 시위를 벌이기도 하였다. 하지만 마거릿은 자신의 결정을 절대 철회하지 않았다. 인기가 곤두박질을 친다고 해도

긴축재정 : 국가나 지방 자치 단체의 예산을 줄이는 재정.
밀크 스내처 : milk snatcher, 우유 강탈자라는 뜻.

한정된 재정으로 한 결정이기에 어쩔 수 없는 일이었다.

그녀가 온갖 비난에도 자신의 결정을 밀어붙이자 사태는 점차 진정되었다.

그 후 마거릿은 지방 교육위원회에서 지불하는 대학학생연맹의 자금을 학생이 아닌 대학에서 관리하도록 하였다. 학생 복지에 사용하기로 되어 있는 본래 취지에서 벗어나 노조의 불법 파업이나 데모를 지원하는 데 썼기 때문이었다.

이런 마거릿의 정책이 알려지자 학생들이 크게 반발했고, 결정 철회를 요구하는 시위가 끊임없이 이어지고 있었는데, 그 와중에 예정되어 있던 기술 공업학교에서의 강연을 하려는 것이었다.

마거릿이 탄 차가 리버풀의 기술 공업학교로 향하였다. 사태가 심상치 않음을 파악한 경찰들이 그녀의 차를 호위하였다.

"마거릿은 돌아가라!"

"보수당은 나가라!"

"와아아아!"

그녀의 차가 학교 쪽으로 접근하자 학교 근처에 몰려 있던 학생들이 마거릿을 비난하는 피켓을 들고 고함을 질러 댔다.

마거릿은 자신을 향한 비난이 해일처럼 귓속으로 몰려들었지만 여전히 침착함을 잃지 않으려 노력했다.

'Don't panic! 어떤 경우에도 허둥대서는 안 된다!'

어릴 적 같이 살던 할머니가 귀에 못이 박히도록 한 말이었다.

실제로 마거릿은 어떤 상황에서도 허둥대지 않으려 노력하였다. 기자들이 곤란한 질문을 할 때도 혹은 경쟁자를 앞에 두거나 국제적인 거물을 대할 때도 그녀는 늘 여유를 가지려고 노력했다. 그것이 바로 그녀가 가진 최고의 무기였다.

마거릿은 온갖 야유를 들으며 교실 안으로 들어가 예정된 강연을 시작하였다. 하지만 강의실 복도에 몰려든 학생들의 고함 소리로 마거릿의 목소리가 하나도 들리지 않았다. 하지만 마거릿은 끝까지 이야기를 마치고 교실을 나섰다.

끝까지 침착함을 유지하고 평상심을 갖기 위해 노력했지만 야유를 직접 듣는다는 것은 고통스러운 일이었다. 마거릿은 때론 밤에 자신의 서재에서 남몰래 눈물을 흘리기도 하였다. 차라리 교육부 장관직을 그만둘까 하는 생각도 수십 번이었다.

하지만 그럴 때마다 마거릿은 돌아가신 아버지의 말을 떠올렸다.

'다른 사람이 어떻게 하는가가 아니라, 무엇이 올바른가를 생각하고 그걸 향해 나아가는 것이다.'

마거릿의 인기가 바닥으로 떨어지고 많은 비난이 들끓자 각료들 사이에서도 공공연하게 마거릿을 경질하자고 거론하였다. 하지만 히스는 그런 요구를 일언지하에 거절하였다.

사실 마거릿은 히스 자신이 요구한 긴축재정을 누구보다 충실히 수행하고 있었다. 다들 인기 때문에 과감히 결정하지 못하는 것을 마거릿만은 인기에 연연하지 않고 자신의 요구를 따르고 있었다. 이런 상황에서 마거릿을 사임시키는 건 자신의 정책이 잘못되었음을 인정하는 것이었다.

그 후 마거릿이 내린 결정들에 대한 속내가 하나둘씩 언론을 통해 알려지게 되면서 조금씩 그녀의 인기가 회복되어 갔다. 인기에 영합하지 않는 그녀의 정책들에 대해 박수를 보내는 대중들이 늘어갔던 것이다. 그 외에도 몇 가지 과감한 정책들이 더해지면서 마거릿은 신념의 정치가로 불리기 시작하였다.

한편, 히스가 마거릿을 굳건히 지탱해 주고 있었지만 마거릿은 과연 히스의 정책이 옳은 것인지 의문을 품기 시작하였다. 마거릿이 의문을 품기 시작한 것은 그의 정책들에서 전반적으로 실패의 징후들이 나타나고 있었기 때문이었다.

전 내각에서부터 물려받은 인플레이션 때문에 전국에서 노동자 파업이 계속 일어났다. 이에 히스는 인플레이션을 잡기 위해 임금 상승을 억제하는 소득 정책인 산업관계법을 통과시켰고, 노조의 반대를 예상해 미리 파업을 막기 위한 파업규제법까지 만들었던 것이다. 그러나 이것은 더 큰 혼란과 저항을 불러왔다. 그중에서도 아서 스카길이 이끄는 전국 탄광노동자연맹이 가장 전투적이었다.

아서 스카길은 전국 탄광노동자연맹의 위원장 자리에 오르자 강력한 노조를 밝히고 정부와의 투쟁을 맨 앞에서 이끌었다. 아서왕이라는 별명이 붙을 정도로 강성한 노조를 구축한 인물이었다. 스카길은 즉각 정부의 정책을 비난하면서 대정부 투쟁에 돌입하였다.

정부와 노조, 즉 히스와 스카길의 대결이 시작된 것이다.

스카길은 단순히 과격하기만 한 인물이 아니었다. 그는 노련하게 노조를 이끌 줄 아는 인물로, 히스와의 투쟁에 다른 노조들까지 끌어들였다. 그리하여 전국 220여 명에 이르는 노동자들이 그의 파업에 동조하여 국가 기능이 마비되다시피 하였다.

히스는 모든 조치들을 동원하여 스카길의 파업에 맞섰지만 당시 연료에서 석탄이 차지하는 비중이 높았기 때문에 탄광 노조*의 파업은 정부로서도 힘겨운 싸움이 될 수밖에 없었다. 극도의 전력 부족과 더불어, 국민들의 생활에도 막대한 지장을 초래했던 것이다.

결국 견디다 못한 히스 수상이 1974년 2월 총선거를 실시하기로 결정하였다.

"국가를 지배하는 것이 정부인가, 탄광 노조인가!"

총선거를 결정하며 히스가 한 말이다. 이 말은 국민에게 정부를 택할 것인지 노조를 지지할 것인지 선택을 요구하는 것이었다. 당시 야당인 노동당은 보수당과는 달리 노조와의 화해를 통해 분쟁을 해결할 것을 호소하였다.

총선이 끝나고 결과가 발표되었다. 보수당은 과반수에도 미치지 못했고 5석 차이로 노동당에게 제1당의 자리를 넘겨주고 말았다. 히스는 제3당인 자유당과 연립정부*를 구성하려고 하였지만 그마저도 실패하고

탄광 노조 : 1971년 1월 9일, 임금 인상을 요구하며 업무를 중단한 대규모의 광부 노동자 단체. 공장이 멈춰버리자 정부는 노조에 손을 들고 말았다. 하지만 노조의 힘이 너무나 강해져서 나중에는 집권 정당인 보수당을 퇴진시키기까지 한다. 국가 경쟁력이 떨어진 영국은 1976년에 39억 달러의 구제금융을 받는 처지에 이르고 만다.

결국 수상직에서 물러나야 했다.

히스는 노조에게 참담하게 패배를 한 것이나 다름없었다. 보수당 내에서 이번 실패에 대한 문책론들이 쏟아졌고 히스를 지지하는 세력과 히스를 비판하는 세력으로 나뉘었다.

히스를 비판하는 세력으로는 당내 중견의원인 키스 조지프였다. 그는 히스를 대체할 만한 인물로, 히스를 지지하는 정치인인 윌리엄 화이틀로와 함께 급부상하였다.

어느새 초보 딱지를 떼고 당내 중요한 관료로 성장한 마거릿은 히스를 비판하는 입장이었다. 하지만 그녀는 자신의 속내를 좀처럼 드러내지 않았다. 당내 세력 균형이 급격히 변화하고 있는 시기에 함부로 나섰다간 많은 공격에 노출될 수 있다는 것을 마거릿은 잘 알고 있었던 것이다.

사실 그녀는 당내에서 자기 세력이라고 부를 수 있는 의원들을 데리고 있지 않았고 당내 어느 계파*에도 속해 있지 않았다. 한때는 히스 계파로 분류되었지만 마거릿이 히스의 정책들을 반대하면서 히스 파와 급격히 멀어졌던 것이다.

"에어리 의원님이 찾아왔습니다."

"에어리 의원님이요?"

보좌관의 보고를 받은 마거릿은 깜짝 놀랐다.

에어리라면 국민적으로 인기가 많은 인물로 히스 파 의원 중에 한 명

연립정부 : 두 개 이상의 정당이나 단체가 합동하여 세운 정부.
계파 : 하나의 집단 안에서의 작은 조직.

이었다. 비록 서로 안면은 있었지만 많은 대화를 해 보지는 않았던 인물이었다.

"몇 달 전에 쓰러졌다는 소리를 들었는데 괜찮으신 건가요?"

"예. 회복된 것 같습니다. 어떻게 할까요?"

"뭘 어떻게 해요? 어서 안으로 모시세요."

에어리가 안으로 들어와 마거릿에게 악수를 청했다.

"몸은 괜찮으신 건가요?"

마거릿은 에어리와 악수를 하며 물었다.

"예. 걱정해 주셔서 감사합니다."

에어리는 무척이나 예의가 발랐는데, 전형적인 영국 신사의 분위기를 풍겼다.

"단도직입적으로 묻겠습니다. 보수당 대표인 히스에 대한 의원님의 솔직한 생각을 말해 주실 수 있겠습니까?"

약간의 담소를 나눈 후 에어리가 마거릿에게 심각한 표정으로 물었다.

너무나 갑작스럽고 생각지도 못한 질문을 받은 마거릿은 쉽게 입을 열 수 없었다. 질문의 의도를 파악할 수 없었던 것이다.

"전 마거릿 의원께서 히스와는 다른 생각을 가지고 있는 것으로 믿고 있습니다. 맞습니까?"

"도대체 제게 뭘 확인하고 싶으신 거죠?"

"확인하고 싶은 게 아니라 함께하고 싶은 것입니다. 의원님을 보스로서 말입니다."

에어리의 말에 마거릿은 멍하니 에어리를 바라보았다. 그제야 에어리의 의도를 눈치챘던 것이다.

그것은 바로 마거릿의 계파에 들어오겠다는, 아니 계파라고 부를 만한 조직이 없었기에 이제 그런 계파를 만들자는 제의였다.

"저는…… 그래요. 히스의 정책을 반대합니다."

"그렇군요. 사실 얼마 전에 의원님이 대학교에서 하신 강연을 들었습니다. 그 강연을 들으면서 의원님께서 히스를 반대하고 있다는 것을 느낄 수 있었습니다."

"그 정도로 티가 났나요? 전 들키지 않으려고 꽤 노력하며 강연을 했는데. 그런데, 어째서 저를? 히스를 반대하는 사람은 저 말고도 꽤 있을 텐데요?"

마거릿은 에어리가 다른 사람이 아닌 자신을 선택한 이유를 알고 싶었다.

"물론 히스를 반대하는 다른 의원들이 꽤 있습니다만 그들이 의원님처럼 가능성이 큰 것은 아닙니다."

"가능성이라고요? 무슨 가능성을 말하시는 건가요?"

"전 히스가 이룬 업적보다 의원님께서 더 큰 업적을 이룰 것이라고 확신합니다. 그것이 제가 의원님을 보스로 삼고 싶은 이유입니다."

에어리의 대답은 마거릿이 수상에 올라 훌륭한 업적을 이룬다는 것인데, 결과적으로 그의 예상은 훗날 정확히 들어맞게 된다. 과연 선견지명이라 할 수 있을 것이다.

실제로, 에어리는 이날 이후 마거릿의 책략가로 많은 활약을 하게 되고, 마거릿의 핵심적인 인물로 마거릿이 수상의 사리에 오르는 네 일등

공신이 된다.

　에어리가 돌아가고 나서 마거릿은 묘한 흥분을 느꼈다. 자신의 꿈이 이룰 수 없는, 말 그대로 백일몽 같은 것이 아닌 실제로 이룰 수 있는 목표가 되고 있다는 생각이 들었기 때문이었다. 그것도 몇 계단 가까워진 채 말이다.

　이제 마거릿도 자신의 계파를 만들고 이끌 만한 위치가 된 것이다.

　마거릿은 며칠이 지난 후, 에어리가 그동안 충성했던 히스를 떠나 자신에게 온 이유를 알게 되었다. 에어리는 몇 달 전 뇌졸중으로 쓰러졌는데 히스에게서 정치 생명이 끝났다는 모욕을 당했다. 이를 갈던 그는 건강이 회복되자 히스를 떠나 마거릿에게 왔던 것이다.

　이렇듯 히스는 당 안팎으로 그동안의 정치력에 어울리지 않는 나쁜 수를 뒀기 때문에 그만큼 그의 영향력과 세력까지도 줄어들었다.

　이에 보수당 내 최대 모임인 '1922년 위원회'에서 대표 선거를 실시하자는 제안을 히스에게 하였다. 누가 당선이 되든 당선된 자에게 힘을 실어주어 당 내부적인 혼란을 최소화하자는 의도에서였다.

　그러나 이를 히스가 단호하게 거부하면서 상황은 무척 급박하게 돌아갔다. 훗날 그는 이렇게 회고했다.

　"'1922년 위원회'의 제의를 거부한 것은 대단히 바보스러운 결정이었습니다."

　에어리는 마거릿을 보스로 삼기로 한 날 이후부터 거의 매일 마거릿의 사무실에 드나들었다. 여러 가지 상황들에 대해서 마거릿과 의견을 나누기 위해서였다. 히스가 위원회의 제의를 거절했다는 소식은 마거릿의 진영에 상당히 심각한 소식이었다.

"사실, 아직은 당내에서 히스를 지지하는 사람이 반수가 넘습니다. 지금 선거를 한다면 히스는 충분히 대표로 선출될 수 있을 겁니다."

"그런데 왜 히스는 그 제의를 거절한 걸까요?"

"자존심이 용납하지 않은 겁니다. 현재 보수당 대표인 자신에게 새로 선거를 하자는 요구 자체가 치욕적으로 느껴졌겠지요."

에어리가 마거릿의 물음에 대답했다. 다소 흥분한 듯 평소보다 높은 톤이었다.

"이번 일로 히스를 지지하던 많은 의원들이 이탈하게 될 겁니다. 제의를 거절함으로써 히스가 대표 자리에 연연하는 걸로 비춰질 게 분명하니까 말입니다. 그리고 위원회의 요구도 더욱 거세져 결국 투표를 해야만 할 겁니다."

"투표를 하게 된다면요? 대표로 선출될 유력한 후보를 누구로 생각하십니까?"

"키스 조지프겠지요. 혹시 의원님은 따로 생각하시는 분이 있습니까?"

"아닙니다. 저도 조지프라고 생각합니다."

마거릿은 조지프에 대해서 제법 잘 알고 있었다. 친구처럼 지내는 사이이기도 했고 그동안 가장 많은 대화를 나눈 동료 의원이 바로 조지프였다.

"두 번째 후보는 두캔입니다만, 사실 의외의 사태가 벌어질 수도 있기에 이 모든 상황에 대비해야 할 것이라 판단됩니다."

"의외의 사태라는 것은 무엇을 의미하는 것입니까?"

"대표 후보가 되려면 무엇보다 검증 과정을 거쳐야 합니다. 그 부분에서 의외의 변수가 생길 수 있다는 뜻입니다."

에어리의 예상은 근거가 없는 것이 아니었다. 그동안 많은 사람들이 대표 후보에 올랐으나 검증 과정에서 여러 가지 이유들로 인해 중도에서 사퇴해야 했다. 이번에도 그런 과정이 벌어질 수 있었던 것이다.

"혹 그런 일이 벌어진다면 의원님께선 어떤 결정을 내리실 겁니까?"

의미심장한 질문이었다. 에어리의 질문은 대표로 선출될 수 있는 유력한 후보들이 사라진다면 마거릿이 어떤 행동을 하겠냐는 물음이었다.

"……."

마거릿은 아무런 대답도 하지 않았다. 자신도 그 상황이 되면 어떤 행동을 할지 확신하지 못했기 때문이었다.

당내 분위기는 마치 런던의 변덕스러운 날씨처럼 하루가 다르게 급변했는데, 결국은 에어리의 예측대로 흘러갔다.

'1922년 위원회'의 강한 압박에 히스는 보수당 대표를 새로 뽑는 선거를 받아들일 수밖에 없었고, 반反 히스 진영의 선두 주자로 키스 조지프가 부상하였다. 하지만 문제는 대표 선거에서 당선이 유력한 조지프가 보수당 집회에서 인종 차별 발언으로 문제를 일으켰고, 집안에서도 가정불화가 문제되었다는 것이었다.

이런 여러 가지 문제들이 겹치면서 조지프는 결국 자신이 신뢰하고 있던 마거릿에게 전화를 걸어 입후보를 포기하겠다는 뜻을 전달했다.

마거릿은 조지프의 전화를 받고 그와 이야기를 나눈 후 조용히 전화기를 내려놓았다. 그러자 마치 기다렸다는 듯이 가슴이 뛰었다.

쿵쾅! 쿵쾅! 쿵쾅!

앞에 사람이 있다면 소리를 들을 수 있을 정도로 해일이 몰려들듯이 무섭게 심장이 뛰었는데 마거릿도 도대체 왜 자신의 심장이 이렇게 뛰는지 이유를 알 수 없었다. 마거릿은 자리에서 일어나 심호흡을 하며 가슴을 진정시켰다. 그러자 심장의 고동이 천천히 가라앉았다.

그때야 자신에게도 기회가 올지 모른다는 생각이 들었다. 마거릿의 심장이 그것을 먼저 느끼고 미친 듯이 요동쳤던 것이다.

보수당 대표의 자리는 마거릿이 손을 뻗으면 닿을 수 있는 거리에 있을 만큼 가까워지고 있었던 것이다.

Don't panic! 지금은 허둥거리지 말아야 할 때란 것을 알고 있었다.

조지프가 입후보를 포기하자 남은 유력한 후보는 두캔이었다.

하지만 두캔은 대표직에 크게 욕심이 없었다. 은행을 소유하고 있던 두캔은 대표에 출마하면 은행 업무에서 손을 떼야 하는데 그러고 싶지 않았던 것이다. 거기다 매스컴에 시달리는 것도 편한 것은 아니었다. 두캔의 아내도 그런 것들이 싫어 두캔의 대표직 출마를 반대했다. 결국 두캔도 대표직 출마를 포기하였다.

마거릿은 두캔마저 출마를 포기한다는 소식을 들었을 때 드디어 자신에게 때가 왔다는 느낌이 들었다.

그것은 어떤 본능과도 같은 감이었다. 여러 가지 상황과 당내 복잡한 관계, 그리고 당선 가능성을 떠나서 지금 자신이 나서야 할 때라고 느꼈던 것이다.

예전에 에어리가 마거릿에게 물은 적이 있었다. 조지프와 두캔, 이 두 사람이 모두 사퇴를 하게 된다면 어떻게 할 것이냐고. 아마도 에어리는 마거릿의 다음 행동을 예상하고 있던 것인지도 모른다. 마거릿이 보수당 대표 후보로 출마할 것이라는 사실을.

마거릿은 사무실을 나와 차에 올랐다. 저녁 시간이었고 비가 오고 있었다.

앞에서 설명한 과정을 거쳐 보수당의 대표로 선출된 마거릿은 국회의사당에 있는 히스의 사무실로 향했다.

여성 최초로 영국의 수상이 되다

역사상 처음으로 마거릿은 정당의 여성 대표가 되었지만 그녀에겐 막중한 책임이 주어져 있었다. 흩어진 당을 하나로 모아 노동당에 빼앗긴 집권당으로서의 지위를 다시 찾아와야만 한다는 것이었다.

마거릿은 자신에게 표를 던진 사람들이 자신을 지지해서라기보다 반反히스에 대한 표라는 것을 잘 알고 있었다. 에어리는 마거릿에게 이런 점을 고려해 인사*에 신중해 줄 것을 조언했다. 그건 마거릿의 생각과도 같은 것이었다.

마거릿은 당내 화합을 위해 히스와 화합하는 것이 급선무라 생각하고 대표로 선출된 후 가장 먼저 자신이 직접 차를 운전하여 히스의 저택을 방문하였다.

마거릿은 히스에게 당내 화합을 위해 도움을 요청하고 외무 장관직을

인사 : 관리나 직원을 임용하고 해임하거나 평가하는 행정적인 업무.

제의할 생각이었다.

　응접실로 안내된 마거릿은 기다린 지 꽤 오랜 시간이 걸려서야 히스를 볼 수 있었다. 손님을 그렇게 오래 기다리게 하는 건 예의가 아니었다. 하물며 마거릿은 당의 대표가 아니던가!
　응접실에 모습을 드러내는 히스를 보면서 마거릿은 불쾌한 기분이 들었지만 꾹 눌러 참았다.
　"내각에 입각해 외무부 장관직을 맡아 주세요. 당의 화합을 위해 결정을 내려 주시지 않겠습니까?"
　"하하하! 외무부 장관이라…… 지금 제게 외무부 장관직을 맡으라 했소? 이 보십시오, 대처 의원. 난 얼마 전까지만 해도 수상이었소. 뭔 말인지 알겠소이까?"
　히스는 굳이 상한 기분을 숨기려 하지 않았다. 그는 외무부 장관직을 제의하는 마거릿에게서 모욕을 당한 기분이었던 것이다.
　"많이 컸소이다! 대처 의원. 지금 그 자리에 오를 수 있는 것이 누구 덕분인지 잊으신 것 같소이다."
　"굳이 수락하시지 않겠다면 어쩔 수 없는 일이지요. 그럼 이만 가보겠습니다."
　마거릿 역시 불쾌해진 기분을 숨기려 하지 않았다. 그녀는 지체 없이 히스의 집을 나와 버렸다. 마거릿에게는 빈정거림을 참아가며 상대를 몇 번이고 설득할 만큼 노련한 정치력이 없었다. 그건 마거릿의 자존심이 허락하지 않았던 것이다.

또 다른 당내 경쟁자이던 화이틀로는 마거릿의 요청을 받아들였다. 그는 당의 화합이라는 큰 뜻에 공감했던 것이다.

마거릿이 대표로 선출된 데에는 분명 히스에 대한 반감이 표로 연결된 까닭도 있었지만 무엇보다도 그녀는 다른 의원들에게 어필할 수 있는 강력한 무기를 가지고 있었다. 그것은 바로 일에 대한 지칠 줄 모르는 열정이었다.

마거릿은 일중독에 걸린 것처럼 일에 몰두했다. 특별한 취미가 없었던 마거릿은 일을 할 때 많은 보람과 즐거움을 느꼈는데 그렇기에 더욱 일에 매달릴 수 있었다. 더욱이 잠도 많지 않은 편이어서 새벽부터 밤늦게까지 일하는 모습은 다른 의원들에게도 큰 자극이었다.

어쩌면 다른 의원들은 일을 열심히 하는 대표를 원했고 그런 점에서 마거릿을 선택한 것인지도 모른다.

그러나 마거릿의 노력에도 당내 화합은 쉽지 않았다. 비록 대표 자리에서 밀려났지만 히스는 여전히 보수당 내에서 많은 영향력을 행사하였기 때문에 그런 히스와의 불화는 당의 운영을 힘들게 하였다.

"무슨 제의를 하시든지 히스와 화해를 해야 합니다."

"그렇습니다. 히스 파는 당내 거의 반수를 넘는 숫자를 가지고 있습니다. 이들이 계속 정책에 반대를 한다면 당 운영이 사실상 어렵습니다."

참모들이 마거릿에게 히스와의 화해를 계속 주장했다.

하지만 마거릿은 히스가 먼저 손을 내밀면 모를까 결코 화해할 마음이 없었다.

"굳이 히스와 화해하지 않아도 상관없습니다."

마거릿이 냉정한 목소리로 말했다. 에어리도 한마디 덧붙였다.

"지금 당장은 많은 어려움이 있겠지만, 히스는 이미 지는 태양입니다. 권력은 결코 지는 자를 쫓지 않게 되어 있습니다. 시간이 지나면 대표님을 쫓는 의원들이 많아질 것입니다."

에어리의 말처럼 시간이 흐르면서 하나둘씩 히스 파에서 이탈한 의원들이 마거릿을 지지하기 시작했다.

정치란 이렇듯 비정한 것이었다. 어제의 적이 동지가 되고 오늘의 동지가 적이 되는 세계. 그런 세계가 바로 정치판이었다.

"대표님! 시간이 되었습니다!"

비서실장이 잇따라 시계를 보며 초조하게 발을 동동 굴렀다. 마거릿이 방송 연설을 하기로 되어 있었는데 예정된 시간이 다 되었던 것이다.

"거의 다 끝났습니다."

마거릿은 연설 원고를 쓰고 있었다.

마거릿은 지금까지 늘 연설 내용을 자신이 직접 써 왔다. 하지만 대표가 되고 나서는 해야 할 연설의 양이 지금까지와는 비교할 수 없을 만큼 늘었고, 바쁜 일정으로 인해 연설 내용을 쓸 시간도 거의 없었다.

결국 마거릿은 예정된 시간을 10분 넘겨서야 겨우 연설을 할 수 있었다.

이 일은 마거릿에게 무척이나 심각한 일이었다. 사실 대표가 되고 나서 참모들이 스피치라이터, 즉 연설문의 원고를 대신 써 주는 일을 하는 사람을 구하라고 조언을 많이 했지만 그때마다 마거릿은 자신이 직접

쓸 수 있다는 생각을 했었다.

하지만 이번 일로 마거릿은 생각을 바꾸지 않을 수가 없었다. 지금뿐만이 아니라 앞으로도 종종 벌어질 수 있는 일이었다. 정치인에게 시간이란 국민과의 약속이었다. 아무리 작은 시간이라도 그런 약속을 어긴다는 것은 결코 용납할 수 없다고 마거릿은 생각했다.

"히스의 스피치라이터로 있던 밀러 씨가 가장 적임자가 아닐까 합니다."

"누구라고요?"

마거릿은 참모들이 추천한 사람이 히스와 관련되어 있다는 말에 거부감을 느꼈다. 하지만 곧 생각을 바꿨다. 그동안 히스가 해 왔던 훌륭하고 멋진 연설들이 떠올랐던 것이다.

그런 멋진 연설문을 쓸 수 있는 사람이라면!

"그런데 밀러 씨에게 대표님의 스피치라이터로 일해 줄 수 있는지 물었습니다만 아직 대답을 듣지 못했습니다."

"그래요? 그분도 나와 같은 이유로 꺼리는 것이로군요."

"예? 같은 이유라는 건?"

"아닙니다. 그 사람 집이 어디죠? 지금 그리로 가야겠어요. 혹시 실례가 될지 모르니 연락 좀 해 두시겠어요?"

마거릿이 자리에서 일어서며 말했다.

"예엣? 지, 직접 지금 말입니까? 아, 알겠습니다."

마거릿이 직접 간다는 말에 비서가 놀라 허둥거렸다. 부랴부랴 차를 준비하고 밀러에게 연락하였다.

"어서 오십시오. 누추한 곳까지 찾아 주셔서 정말 감사합니다."

밀러 역시 썩 마음이 내키지 않았지만 정중히 마거릿을 맞이하였다. 일개 스피치라이터를 위해 마거릿이 직접 집까지 찾았다는 사실은 놀랍지 않을 수 없었다.

"라디오 연설용으로 쓸 5분짜리 연설문을 써 주실 수 있겠습니까?"

마거릿은 밀러의 실력을 익히 알고 있었지만 자신을 위해 일할 수 있는지 시험해 보고 싶어 연설문을 의뢰했다.

"내일 이 시간에 연설문을 들으러 오겠어요."

마거릿이 돌아가고 나서 밀러는 고민하지 않을 수 없었다. 마거릿을 위해 스피치라이터로 일해야 할 것인지 확신이 서지 않았다. 하지만 자신을 위해 이틀씩이나 집을 방문해 주는 정성을 무시하는 것은 예의가 아니라고 생각했기에 일단 연설문을 쓰기로 하였다.

다음 날, 약속한 시간이 되자 마거릿은 정확하게 밀러의 집에 도착하였다. 밀러는 작성한 원고를 직접 마거릿 앞에서 낭송하였다.

"강자를 약화시키는 것으로는 약자를 강하게 할 수 없다.

계급 간의 증오심을 자극하는 것으로는 동료 의식을 가질 수 없다.

부자를 때려눕히는 것으로는 가난한 자를 도울 수 없다.

빚에 의해서는 건전한 안정을 얻을 수 없다.

버는 것 이상으로 써버린다면 어려움에서 벗어날 수 없다.

사람에게서 자발성과 독립심을 없애버린다면 인간성과 우정을 쌓아 갈 수 없다."

마거릿은 밀러의 낭송을 들으며 무척 놀랐지만 조용히 낭송이 끝나길

기다렸다.

밀러의 낭송이 끝나자 마거릿은 자신의 핸드백에서 꼬깃꼬깃 접혀 있는 종이를 꺼냈다. 누렇게 변색되고 곧 찢어질 것 같은 낡은 종이였다.

"저는 어디를 가든지 이 종이를 반드시 가지고 다닙니다."

마거릿에게서 종이를 받아 든 밀러가 접힌 종이를 펴 보았다.

그 안에는 조금 전에 자신이 낭송했던 연설문과 비슷한 문장이 적혀 있었다. 바로 미국 대통령인 링컨이 했던 '스스로 두 발로 서라' 라는 연설 내용이었던 것이다.

마거릿과 밀러는 서로 같은 신념과 철학을 가지고 있었다.

"저의 스피치라이터가 돼 주시겠습니까?"

마거릿이 악수를 청하며 물었다.

"제가 도움이 될 수 있다면 최선을 다하겠습니다."

밀러는 마거릿이 내민 손을 움켜잡았다.

이후, 마거릿의 연설 속에는 언제나 밀러의 명문구가 들어가게 된다.

보수당 대표로서 마거릿의 최대 목표는 보수당이 정권을 잡는 것, 즉 마거릿이 영국의 수상이 되는 것이었다. 그것은 마거릿이 오래전부터 꿈꾸어 왔던 것이기도 했다.

마거릿은 그 목표를 이루기 위해 차근차근 전진했다. 결코 조바심을 내거나 서두르지 않았다. 조용히 자신의 능력들을 보여 주며 때가 오기를 기다렸다.

그리고 마침내 마거릿에게 기다리고 기다리던 기회가 찾아왔다.

1970년대 후반에 접어들며 영국은 심각한 경기 침체에 신음하기 시작하였다. 이미 영국은 오래전부터 많은 문제를 안고 있었다. 대영제국이라는 화려한 명성은 사라졌고, 강성한 노조의 파업은 쉴 새 없이 이어졌으며, 높은 사회보장*으로 인한 재정 적자와 높은 수치의 실업률 등이 영국을 깊은 수렁 속으로 내몰고 있었다. 이른바 '영국병'이었다.

바로 그 영국병이 해가 갈수록 병세가 심각해지고 있었던 것이다. 당시 영국의 권력은 윌슨이 이끄는 노동당이 잡고 있었다. 하지만 하루가 멀다 하고 나빠지는 경제 상황에 노조들이 들고 일어나면서 파업이 계속 이어졌다. 이에 노동당 내에서 윌슨의 지도력에 반대하는 사람들이 많아져 서로 권력을 잡기 위한 양상으로 번져 나갔다.

마거릿은 지금이야말로 노동당을 공격할 좋은 기회라고 판단하고 수상인 윌슨에 대한 불신임안*을 제출하였다. 하지만 마거릿의 불신임안은 결국 부결되었다.

그렇지만 자신에 대한 불신임안까지 제출된 상황에 질린 것인지 윌슨 수상이 갑자기 사의를 표했다. 이에 노동당은 제임스 캘러헌을 후임 수상으로 선출하였다.

새 수상 캘러헌은 마거릿에게는 윌슨보다 더 어려운 상대였다. 웃는 모습이 인상적인 캘러헌은 '서니 짐Sunny Jim'이란 별명으로 불리며 국민들에게 많은 인기를 누리고 있었기 때문이다.

그러나 캘러헌에게는 운이 없었다. 경제지표*가 바닥을 기고 있었고,

사회보장 : 국민의 기본 생존을 위해 제공하는 경제적 보장.
불신임안 : 정치 관료를 사퇴시키기 위해 결의하는 안건.

영국의 파운드화도 대폭락을 했다. 결국 영국 정부는 IMF*에서 돈을 빌려 와야 했다. 그러자 마거릿은 또다시 불신임안을 제출하였다.

마거릿의 공격은 아주 날카로웠다.

"대표님께서는 왜 이렇게 집요하게 공격하시는 겁니까?"

한 신문기자가 농담처럼 질문하였다.

"저는 몇 번이라도 문을 두드릴 겁니다. 문이 열릴 때까지 몇 번이라도 두드릴 것입니다. 그것이 저의 목표이자 의무이기 때문입니다."

불신임안이 제출되자 캘러헌은 제3당인 자유당을 끌어들여 연합했다. 그는 자유당의 정책을 일부 받아들이는 정책 협정을 통해서 마거릿의 불신임안을 부결시키는 데 성공하였다. 하지만 그건 임시방편에 지나지 않았다.

이듬해가 되자 자유당은 노동당과의 정책 협정을 포기하였다. 그러자 사람들은 의회가 해산되고, 이어 총선거가 실시될 것이라 예측하였다.

마거릿은 이미 선거 준비를 완벽히 끝내 놓았다. 광고 회사와 계약하여 보수당의 이미지를 개선하고 TV에 많이 노출된다는 점을 대비해 그에 맞는 이미지메이킹에 신경을 썼다.

마거릿은 이미지의 중요성을 아주 잘 알고 있었다. 같은 시대 미국 대통령으로 당선된 레이건처럼 이미지와 미디어를 적극적으로 활용한 것은 아니었지만 선거가 이미지에 의해 좌우될 수 있다고 생각했던 것이다.

그러나 캘러헌은 모두의 예상을 뒤엎고 선거를 연기한다고 발표하였다.

경제지표 : 경제 활동의 상태를 수치화한 것.
IMF : 국제통화기금. 세계무역의 안정을 위해 마련한 국제금융기구.

잔뜩 달릴 준비를 하고 있던 마거릿으로서는 맥이 빠지는 결정이었다. 그러나 사실 캘러헌이 그때 총선을 실시했다면 노동당이 우세했을 거란 사실이 일반적인 견해였고, 그랬다면 캘러헌은 4년 동안 안정적인 통치 기반을 만들 수도 있었다.

선거를 연기한 이듬해인 1979년 겨울, 정국은 혼란했다. 노동당과 자유당은 서로 완전히 등을 돌렸고, 소수 정당인 스코틀랜드 민족당도 정부를 비판했다.

이에 마거릿은 세 번째 불신임안을 제출하였다. 여당과 야당 세력은 서로 우열을 가리기 힘든 형세였다. 어느 쪽도 승리를 장담할 수 없는 상황에서 모든 국회의원이 출석하여 투표에 임했다. 마거릿은 초조하게 결과를 기다렸다.

"보수당에서 발의한 캘러헌 수상에 대한 불신임안 투표 결과를 발표하겠습니다. 반대 310표, 찬성 311표로 불신임안이 가결되었음을 선포합니다."

땅땅땅~!

"와아~!"

국회의장이 결과를 확정하는 망치를 두드리자 보수당 의원들이 일제히 자리에서 일어서며 소리쳤다. 단 한 표 차이로 노동당 대표가 수상직에서 쫓겨나는 굴욕을 당했던 것이다.

마거릿은 늘 그렇듯이 흐트러짐이 없는 표정으로 앉아 있었지만 가슴속은 격정으로 휘몰아쳤다. 이제 마거릿에게는 총선거라는 마지막 관문

만이 남아 있었던 것이다.

마거릿은 불신임안이 통과되자 즉각 보수당을 총선 체제로 전환하고 모든 역량을 선거에 집중하였다.

불신임안이 가결된 지 이틀 후, 마거릿은 자신의 선거구인 핀츨리 지역을 자동차로 순회하고 있었다.

"대표님. 조금 전 국회의사당 주차장에서 폭탄 테러가 발생해 자동차가 폭발했다고 합니다."

마거릿이 사무실에 도착하자 그녀를 기다리고 있던 선거 사무장이 창백한 얼굴로 보고했다.

"뭐라고요? 도대체 누가 그런 짓을!"

"아일랜드 민족해방군이 아닌가 예상하고 있습니다."

"잠깐만요. 아일랜드 해방군이면 피해는 어느 정도인가요? 누구의 차를 노린 거죠?"

마거릿은 불길한 느낌이 들었다. 범인이 아일랜드 해방군이라면 그림자 내각에서 북아일랜드 장관직을 맡고 있는 에어리가 표적이 될 가능성도 있었기 때문이었다.

마거릿의 물음에 선거 사무장은 아무 대답이 없었다.

"어째서 대답이 없는 겁니까? 설마……."

"그렇습니다, 대표님. 테러를 당한 건 에어리 의원입니다."

에어리 의원이 테러를 당했다는 대답에 마거릿은 온몸에서 힘이 쑥 빠져나가는 것 같았다. 에어리 니브는 자신의 오른팔로 여기까지 오는

데 있어 가장 큰 공을 세운 사람이 아닌가!

그런 사람이 희생되다니! 마거릿의 가슴은 갈가리 찢어지는 것 같았다.

마거릿은 서둘러 국회의사당으로 향하였다.

테러는 국회의사당 지하 주차장의 통로에서 일어났다. 테러의 표적이었던 에어리는 아내가 도착하기도 전에 숨을 거두었다.

독일 포로수용소에서 탈출해 이후 독일과의 싸움에서 많은 공을 세운 2차 세계 대전의 영웅. 마거릿을 보좌한 지도 이제 10년, 드디어 목표로 했던 수상 선거를 앞둔 시점에서 에어리는 테러에 희생되고 만 것이다.

사건 당일, 슬픔과 분노에 휩싸인 마거릿은 텔레비전을 통해 이렇게 말하였다.

"어떤 악마가 그를 붙잡아 갔습니다. 그러나 악마들의 승리를 결코 허락해서는 안 됩니다. 그들은 결코 이길 수 없을 것입니다."

그러나 마거릿은 슬픔 속에 빠져 있을 수만은 없었다. 그녀 앞에는 자신과 보수당, 더 나아가 영국의 운명을 바꿀 수 있는 선거가 기다리고 있었다. 마거릿은 에어리를 잃은 슬픔을 가슴에 묻고 선거에 매진하였다.

마거릿이 내건 공약은 감세와 법과 질서의 회복, 그리고 땀 흘려 일한 자가 우대받을 수 있는 사회적인 환경 조성이었다.

마거릿은 만연한 영국병을 고칠 수 있는 것은 영국 국민 스스로가 신념을 가지고 열심히 일하는 것이 최선이라고 역설하고 영국병을 치료하기 위해 자신을 지지해 달라고 호소하였다.

1979년 5월 3일, 운명의 날이 밝았다.

운명을 가를 투표는 순조롭게 진행되었다. 마거릿에게는 무척이나 긴 하루가 시작된 것이다. 아침부터 언론의 주목을 받으며 자신의 선거구에서 투표를 끝낸 마거릿이 조용히 자신의 집에서 휴식을 취했다.

과연 국민들은 자신을 지지해 줄 것인가?

무척이나 초조한 하루가 저물었다. 국민의 선택은 끝이 났고, 더욱 초조한 개표가 시작되었다.

그녀에게는 고통스러운 기다림이었다. 자칫 선거에 패배하면 보수당 대표 자리에서 물러나야 할 게 뻔했고, 정치 생명마저 끊어질지도 모르는 상황이었다.

그날 밤, 마거릿은 자신의 선거구 개표소에 서 있었다. 영국에서는 각 지구의 선거 관리인이 개표 결과를 발표하고 당선자가 그 자리에서 인사를 하는 것이 관례였다.

물론 압도적인 표차로 지역구에서 의원으로 재선되었지만 마거릿은 전국 상황이 무척이나 궁금했다. 개표가 시작됐지만 진행되는 결과가 좋지 않아서 더욱 마음에 걸렸다. 하지만 자정이 넘으면서 조금씩 보수당의 득표율이 호전되었고 다음 날 새벽이 되자 보수당의 득표율이 눈에 띄게 상승하였다.

새벽 3시, 마거릿이 남편 데니스와 함께 보수당 사무실에 모습을 드러내자 이미 그 주위에는 많은 군중이 몰려들었다. 그들은 마거릿의 이름을 연호하며 열성적인 함성을 질러 댔다.

마거릿은 그 열광하는 모습을 보며 승리를 예감할 수 있었다. 게다가

보수당 본부 안에서의 분위기는 한층 더 들끓고 있었다.

마침내 새벽 4시가 넘으면서 보수당의 승리가 확정되었다.

"새로운 수상 마거릿 대처 만세!"

"대처 만세!"

승리가 확정되는 순간 보수당 사무실의 주변에서는 일제히 마거릿을 연호하는 함성으로 뒤덮였다.

마거릿은 끓어오르는 흥분으로 두 손이 부르르 떨리는 것 같았다. 양손을 서로 꽉 움켜쥔 그녀의 머릿속에 그동안의 일들이 주마등처럼 스쳐 지나갔다.

꿈을 이루기 위해 앞만 보며 질주해 온 시간들. 여성이어서, 주부라서 이룰 수 없다고 여겨지던 일을 마거릿은 마침내 해냈다. 식품 잡화점의 딸이라는 신분을 딛고 자신의 능력과 노력을 최대한 발휘하여 영국 최고의 권력에 오른 것이다.

마거릿은 조용히 눈을 감았다. 이 순간, 자신에게 신념을 심어 주고 정치의 길로 이끌어 준 아버지가 떠올랐다. 그리고 얼마 전에 운명을 달리한 에어리가 그리웠다. 그들과 지금 이 순간을 함께 할 수 있다면! 이 감격을 함께 나눌 수만 있다면!

그러나 이 벅찬 감격도 마거릿에겐 또 다른 시작일 뿐이었다. 영국의 수상으로서 깊은 병에 걸린 영국을 구해 내야 한다는 막중한 의무가 그녀의 어깨 위에 놓여 있었기 때문이었다.

포클랜드 전쟁

　총선거가 끝나자 여왕 엘리자베스 2세는 수상으로 당선된 마거릿과 그녀의 가족을 버킹엄 궁전으로 초청했다. 여왕은 마거릿을 수상으로 임명하고 정식으로 각료를 선임해 줄 것을 요청하였다.
　여왕에게서 정식으로 인정받은 마거릿은 수상 관저가 있는 다우닝가 10번지로 향했다. 관저 입구에는 많은 사람들이 마거릿을 기다리고 있었다. 차에서 내린 마거릿은 자신을 환영하는 사람들에게 손을 흔들어 답례를 하고는 짤막한 연설을 하였다.
　"불일치가 있는 곳에 조화가, 거짓이 있는 곳에 진실이, 의심이 있는 곳에 신념이, 절망이 있는 곳에 희망이 있기를."
　스피치라이터 밀러가 찾아낸 성 프란체스코의 말로, 이날 이후로 마거릿은 종종 이 말을 인용하여 연설했다. 어쩌면 이 말은 마거릿이 수상으로서 추구하고 싶은 가치였는지 모른다.

수상 관저에서 마거릿이 처음 시작한 일은 각료를 임명하는 것이었다.

마거릿은 아직 자신의 정치적 기반이 취약하다는 것을 잘 알고 있었기 때문에 이를 보완해 줄 수 있는 당의 주요 인물들을 각료로 기용했다.

각료 임명을 끝낸 마거릿은 가장 시급한 현안과 대면했다. 영국의 경제 문제를 타개하기 위한 정책들을 시행한 것이다.

심각한 인플레이션을 해결하기 위해서 긴축재정을 위한 예산을 편성하였다. 우선 나태한 공무원 사회를 정리했다. 최소 7천5백 명에서 최대 15만5천 명에 이르는 공무원들을 해고하여 공무원들에게 반성의 시간을 주었고, '브리티시 항공' 및 '브리티시 석유' 등 몇몇 거대 공기업을 민영화*하였다.

그러면서도 강한 영국을 만들기 위해 오히려 국방비를 늘렸고 법질서를 유지하기 위해 경찰관들의 봉급을 늘리며 처우를 개선하였다.

이와 같은 획기적이고도 강력한 정책들이 시작되자 사람들의 우려와 기대가 교차하였다.

경제 문제는 경제와 관계된 주요 각료들이 경제 위원회를 구성하여 매주 토의하고 있었다. 하지만 마거릿은 이것을 무시하고 독자적으로 경제 정책을 마련하고 실행했다.

이에 대해 관련 각료들이 강력히 항의하였지만 1년에 몇 번씩 경제 전반에 대한 평가를 하는 선에서 서로 합의를 봤다.

민영화 : 정부에서 운영하던 기업을 민간인이 경영하게 함. 성장과 분배에서 성장의 측면을 강조한 것.

1980년에 들어서자 마거릿의 경제 정책들은 참담한 형태로 나타나기 시작했다. 인플레이션은 21%에 달했고 실업자 수도 급격히 증가하여 200만 명을 넘어섰다.

마거릿의 경제 정책에 대한 형편없는 성적표가 나오기 시작하자 야당과 언론에서 혹독한 비판을 하기 시작했다.

"정책을 변경하지 않으면 지금 이어지는 경제 불황은 비참한 결과를 초래할 것이다."

"선무당이 영국을 잡고 있다. 지금이라도 마거릿은 고집을 꺾어야 한다."

"가혹한 정책은 산업을 파괴할 뿐이다."

신문은 연일 마거릿의 정책을 비판하는 기사들로 넘쳐 났다.

보수당의 의원들 중에도 마거릿의 정책을 비판하는 인사들이 있었다. 마거릿은 자신의 정책을 비판하는 각료를 즉각 해고하고 자신의 의지를 확고히 드러냈다.

"현재 걷고 있는 저의 길이 올바른 길이며 앞으로도 이 길을 걸어갈 것입니다."

이러한 마거릿의 의지와는 달리 경제 성적표는 나아질 기미가 보이지 않았다. 그녀의 경제 정책을 반대하는 목소리는 더욱 커져만 갔지만 마거릿은 브레이크가 고장 난 자동차처럼 자신의 신념을 밀어붙였다. 1982년이 될 때까지도 마거릿은 전년도보다 더욱 강력한 긴축 예산을 편성하였다.

이와 같은 소식이 알려지자 다른 야당뿐만 아니라 보수당 내에서도 마거릿에 반대하는 의원들이 늘어나기 시작했다. 그들은 마거릿의 긴축 예산안에 반대하려는 움직임을 보였다.

"그래요?"

예산안을 반대하려는 의원들에 관한 보고를 받은 마거릿은 대수롭지 않게 대답했다.

"이것은 심각한 문제입니다, 수상님. 야당에서 예산안을 반대하는 건 뻔한 일이지만 저희 당에서까지 그런 경우가 생긴다면 예산안은 통과되지 못할 것입니다."

그제야 마거릿은 비서실장을 바라보았다.

"우선 예산안을 반대하는 의원들에게 당의 혼란을 발생시킨 책임을 물을 것이라고 하세요. 당에서 가지고 있는 모든 직책에서 사임하게 될 것이라고 말입니다."

마거릿의 이런 강력한 엄포는 효과가 있어 예산안을 반대하겠다던 당내 의원들이 미적지근한 태도로 돌아섰다.

뿐만 아니라 마거릿은 자신의 예산안을 의회에 제출하는 날 아침에야 회의에 내놓는 기발한 책략을 써 예산안을 통과시켰다. 예산안을 충분히 토의할 시간을 주지 않았기에 통과할 수 있었던 것이다.

그것은 마거릿으로서도 영국으로서도 절체절명의 한 고비가 넘어가는 순간이었다.

만일 마거릿이 많은 반대에 굴복하여 예산안을 수정하고 방향을 전환했다면 그녀는 분명 히스의 전철을 밟게 되었을 것이다. 그렇게 되면 영국은 극심한 혼란에 빠질 게 뻔한 일이었다. 결과적으로 마거릿의 경제 정책이 성공할 수 있었던 것은 마치 독재자와 같은 고집과 신념 덕분이었다.

 1982년이 지나자 그동안 암울했던 영국 경제의 성적표가 달라지기 시작했다. 긴축 예산의 효과가 나타나기 시작했던 것이다. 인플레이션이 10% 이하로 떨어져 한 자리 수가 되었고 공업 생산성도 올라갔으며 실업률도 가파르게 떨어져 갔다.

 이에 따라 역사상 가장 인기 없는 수상으로까지 추락했던 마거릿의 지지도가 다시 상승하기 시작하였다. 그러나 그것만으로 다가오는 총선거에서 마거릿이 재선에 성공할 수 있을지는 미지수였다.

 이렇게 불안한 상황을 한 번에 바꿔 놓은 일이 그해 발생하였다.

 바로 아르헨티나가 영국의 영토인 포클랜드* 제도에 기습적으로 상륙해 점령해버렸다. 포클랜드 전쟁의 총성이 울린 것이다.

 포클랜드는 아르헨티나에서 500km 정도 떨어진 남태평양에 떠 있는 작은 섬으로, 본래는 무인도였다. 영국이 실질적으로 1833년에 섬을 점령하고 난 후 지금까지 줄곧 아르헨티나와 영유권 분쟁을 벌이고 있는 곳이었다.

 하지만 1960년대 이후 UN이 식민지 시대가 끝났음을 선언하며 영국 내에서 포클랜드를 지배하는 것이 떳떳하지 못하다는 의견이 제기됐다.

포클랜드 : 동포클랜드와 서포클랜드의 2개 섬과 나머지 200여 개의 작은 섬들로 이루어진 제도. 포클랜드는 원래 무인도였으나 스페인이 남아메리카를 지배하면서 이곳도 차지했다. 그 후 1816년에 남아메리카의 아르헨티나가 독립하면서 이 땅의 영유권을 주장했는데, 1833년에 영국 군대가 상륙하여 아르헨티나 군대를 쫓아내버렸다. 영국과 아르헨티나의 싸움은 이때부터 시작됐다.

그리고 1976년, 아르헨티나의 갈티에리 대통령이 군사 쿠데타로 정권을 잡았지만 자신의 권력이 불안정해지자 하나의 계획을 세운다. 그리하여 1982년, 갈티에리는 권력을 강화할 의도로 포클랜드 제도에 기습 상륙하여 점령했던 것이다. 아르헨티나는 자신들이 포클랜드를 점령하더라도 영국이 전쟁을 벌이지는 못할 것이라 판단했다.

수상 관저에 국방부와 외무부의 관료들이 비상 호출되어 모였다. 그들은 머리를 맞대고 포클랜드 제도에 대한 방안을 논의하였다.
"여러 가지 방안을 검토했습니다만 포클랜드 제도까지 거리가 1만3천km나 됩니다. 현재 우리가 가지고 있는 전력으로는 그렇게 먼 곳에서 작전을 벌이기에 충분하지 않습니다."
"주변에 공항으로 쓸 만한 곳도 없어 공중전*을 벌이기도 쉽지 않을 뿐더러 물자 보급에도 상당한 어려움이 있습니다."
"여러 요인들을 고려해 볼 때 아르헨티나와의 전면전은 피하시는 게 좋을 듯합니다."
외무부와 국방부 관계자들은 하나같이 부정적인 의견들을 쏟아 냈다.
그들의 의견을 가만히 듣고 있던 마거릿이 벌떡 일어났다.
"제가 듣고 싶은 건 그런 나약한 소리가 아닙니다! 여러분의 조국이 대영제국이란 것을 잊으셨습니까? 한때 해가 지지 않는 나라가 바로 지금 이 나라란 말입니다."

공중전 : 항공기들이 공중에서 벌이는 전투.

여러분께서는 지나간 영화일 뿐이라고 여기실지 모르지만 저는 아닙니다. 나의 조국은 그 어떤 나라보다도 강하고 위대하다고 생각합니다. 제가 이 자리에 있는 한 그런 나라를 만들고 말 것입니다!"

마거릿은 그 어느 때보다도 강한 어조로 말했다.

사실 마거릿은 그동안 외교 문제에 있어 강력한 행동을 추구해 왔다. 마거릿이 야당 대표 시절이었던 1970년대 후반은 냉전*이 극에 달한 시기로 소련과 많은 외교적 마찰이 일어났다. 그때마다 마거릿은 소련을 맹비난하는 데 주저하지 않았다. 이에 소련에서는 마거릿을 '철의 여인'이라 불렀는데 그것이 마거릿을 대표하는 별명으로까지 되었던 것이다.

이렇듯 마거릿은 대외적으로 강력한 영국을 표방하였다. 어쩌면 그녀는 해가 지지 않는 나라라는 찬란한 옛날의 영광을 다시 회복하고 싶은 것이었는지도 모른다.

"이곳에 이 사람들과 다른 생각을 가진 분이 정녕 한 명도 없는 것입니까? 이대로 저들의 침략을 용납하란 것입니까?"

그때 해군의 작전 본부장이 나섰다.

"저는 우리가 다시 포클랜드 제도를 탈환할 수 있다고 생각합니다."

그는 포클랜드 섬 탈환 작전에 대한 구상을 설명하였다. 아르헨티나

냉전 : 무력을 사용하지 않지만 눈에 보이지 않는 신경전을 벌이는 국제적 분쟁으로, 제2차 세계 대전 이후 1945년부터 미국과 소련을 중심으로 한 자본주의와 공산주의의 대립이다. 미국은 자유주의의 단결을 위해 북대서양 조약기구NATO를 만들었고, 소련도 이에 지지 않고 사회주의 국가들을 모아 바르샤바 조약기구를 만들었다.

와의 전면전을 생각하고 만든 작전이었다.

 마거릿이 원한 게 바로 그것이었다.

 싸워서 이길 수 있다는 믿음!

 대영제국은 위대하다는 신념!

 그런 가치를 국민들에게 보여 주고 싶었던 것이다. 아르헨티나의 기습 도발은 영국의 긍지에 커다란 도전이었고 상처였기 때문이다.

 비록 지금은 많이 기울었다고 해도 미국과 소련 다음으로 강력한 해군을 보유하고 있는 영국이었다.

 마거릿은 전쟁을 피할 수 없을 것이라 예감하면서도 전쟁을 피할 수 있는 방안을 찾기 위해 노력하였다. 미국으로 하여금 아르헨티나 대통령에게 압력을 넣어 아르헨티나가 포클랜드에서 철수하도록 외교적 노력을 기울였지만 갈티에리는 꿈쩍도 하지 않았다.

 결국 마거릿은 최종적으로 전쟁을 선택하였다.

 마거릿의 최종 전쟁 승인이 떨어진 지 사흘이 지난 4월 5일, 항구에는 록 가수 로드 스튜어트의 히트곡 〈I Am Sailing〉이 울려 퍼지고 주변 가득히 영국 국기를 손에 든 국민들이 군대를 환송했다.

 항공모함 인빈서블 호와 헤르메스 호를 주축으로 하는 해군 기동부대가 포클랜드를 향해 출항했다. 그 뒤를 대형 구축함들이 호위하였는데 제2차 세계 대전 이후로 최대 규모의 함대 이동이었다.

 함대는 출항한 지 20일 만에 포클랜드 제도 근처에 도착하였다.

 5월 1일, 폭탄을 가득 실은 폭격기들이 하늘로 솟구쳐 올랐다. 그리고

는 곧장 포클랜드 제도의 스탠리 공항에 공중폭격을 실시하였다. 본격적인 전쟁이 시작된 것이다.

영국은 강력한 함대를 앞세워 포클랜드 제도 주변 200해리를 봉쇄하고, 아르헨티나의 순양함 벨그라노를 침몰시켰다. 이 공격으로 아르헨티나는 배에 타고 있던 승무원 368명이 사망하였다.

하지만, 이틀 후 영국 함대는 아르헨티나의 강력한 저항에 부딪쳤다. 그것은 아르헨티나가 프랑스에서 구입한 엑조세 미사일이었다. 긴 발사거리와 정확도를 가지고 있던 엑조세가 영국의 구축함 셰필드를 강타했던 것이다. 미사일에 맞은 구축함은 순식간에 화재에 휩싸였다. 필사적으로 구출 작전이 시작되었지만 20여 명의 사망자가 발생했다.

전사자가 발생했다는 소식은 즉각 마거릿에게 보고되었다. 보고를 듣는 순간, 마거릿은 가슴이 철렁 내려앉는 느낌이었다.

전쟁이 시작되면 사망자가 나오는 것은 불 보듯 뻔한 일이었지만 막상 사망자 보고를 받게 되자 무척이나 가슴이 아팠다. 전사자들은 이 땅의 소중한 젊은이이고 누군가의 둘도 없는 아들이 아닌가!

자신의 결정으로 그런 일이 생긴 것만 같았다. 등골이 오싹한 공포가 찾아들었다.

자식을 잃은 어머니의 비통함을 그녀는 누구보다 잘 알고 있었다. 마거릿 역시 아들을 키우는 어머니가 아니던가.

사망자 소식이 전해지고 난 후부터 마거릿은 크게 흔들렸다. 표정에서 상심이 늘었고 종종 괴롭고 초조한 표정이 방송 카메라를 통해 국민들에게 비쳤다.

 싸움이 격해지면서 사망자는 더욱 늘어 갔고 그만큼 고통이 마거릿에게 더해졌다.

 '유족들에게는 뭘 해 줘야 하지? 아아, 눈에 넣어도 아프지 않을 아들의 사망 통지서를 받은 어머니는 어떻게 하루를 보내고 있단 말인가! 난 그들을 위해 무엇을 해야 하는 거지?'

 마거릿의 동요와 불안은 날로 커져만 갔다.

 어느 날 마거릿에게 화이틀로가 찾아왔다.

 "지금 수상님의 심정이 어떤지 어떤 아픔을 느끼고 계신지 잘 알고 있습니다. 전쟁터에 아들을 보낸 어머니의 심정이시겠지요. 하지만 수상님은 어머니이기 전에 이 나라의 수상이십니다. 전쟁터에서 싸우고 있는 병사들은 수상님의 표정에서 위안을 받고 용기를 얻습니다.

 어떤 일이 있어도, 어떤 어려움과 고통이 있어도 절대 신념과 자신감을 잃어서는 안 됩니다. 리더가 흔들리면 부하들은 의지할 곳이 없어지기 때문입니다."

 화이틀로는 투철한 군인 정신을 가지고 있었다.

 영국에는 신분이 높을수록 그에 대한 사회적인 책임과 의무를 다해야 한다는 '노블레스 오블리주' 정신이 뿌리 깊었다. 이번 포클랜드 전쟁에 영국의 왕세자가 군인으로 참여할 정도였다. 이런 정신이 있었기에 왕실이 영국 국민들에게 존경을 받으며 지금까지 유지될 수 있었던 것이다.

정치인도 마찬가지였다. 사회적 신분이 높을수록 그에 걸맞은 의무와 책임을 다할 때 비로소 국민으로부터 존경받을 수 있는 것이다.

마거릿은 화이틀로의 충고를 가슴 깊이 받아들였다. 화이틀로의 말처럼 마거릿은 이 나라의 수상이며 최고의 지휘관이었던 것이다.

이날 이후 마거릿에게서는 흔들리는 모습을 찾아볼 수 없었다. 그녀는 늘 신념과 자신감이 넘치는 표정으로 대중들을 대했다.

하지만 대중들이 주목하지 않는 밤이 되면 자신의 집무실에 앉아 전사자들의 부모들에게 직접 편지를 썼다. 그때만은 고통을 함께하는 어머니의 비통한 심정으로 전사자 모두의 부모에게 편지를 썼던 것이다.

영국은 우세한 전력을 가지고 있었지만 좀처럼 승리를 잡을 수 없었다. 엑조세 미사일을 앞세운 아르헨티나의 반격이 무척 까다로웠던 것이다. 양측의 사망자는 점점 늘어가면서 휴전을 바라는 국제 여론이 높아졌다.

마거릿은 휴전이 아닌 완전한 승리를 바라고 있었지만 국제 여론을 무시할 순 없었다. 이에 마거릿은 UN에 협상단을 보내 시간을 끌면서 전쟁을 끝낼 시간을 벌었다.

마침내 영국은 해병대를 동원하여 포클랜드 섬에 상륙을 시도했고 이를 저지하기 위해 아르헨티나는 모든 병력을 투입하였다. 영국은 바로 그때를 노리고 있었다. 영국 역시 모든 병력을 쏟아부어 맞붙었다. 양국의 승리를 결정짓는 치열한 전투가 며칠 동안 이어졌다.

영국은 이 전투에서 함정 12척을 잃었지만 아르헨티나의 전투기 30여대를 격추시키며 승리를 잡았고, 포클랜드에 상륙한 영국 해병대가 포클랜드의 중심인 스탠리를 재탈환하는 데 성공하였다. 계속 싸울 여력이 없어진 아르헨티나가 항복을 하면서 전쟁은 막을 내렸다.

아르헨티나의 항복 소식이 전해지자 마거릿은 전쟁이 시작된 이래 처음으로 활짝 웃음을 지었다. 그녀는 짤막하게 "기쁘다"라는 말을 내뱉었지만 그 짧은 문장 안에 말로 표현할 수 없는 복잡한 심정이 들어 있었던 것이다.

전사자는 총 258명. 마거릿은 258통의 편지를 써서 유족들에게 보냈다.

포클랜드 전쟁은 마거릿의 정치 생명뿐 아니라 영국의 운명이 걸린 전쟁이었다.

과거 전쟁에서는 전쟁을 지휘한 군의 사령관이 영웅이 되었지만, 포클랜드 전쟁에서 이름을 남긴 것은 마거릿이었다. 포클랜드 전쟁은 바로 마거릿의 전쟁이었던 것이다.

다시 일어선 대영제국

　포클랜드 전쟁이 끝난 후 영국은 수상을 뽑기 위한 총선거를 시작했다. 보수당은 마거릿을 두 번째 수상으로 세우기 위한 온 힘을 기울였다.

　전쟁을 승리로 이끈 마거릿이었지만 그렇다고 해서 반드시 국민들에게 환영받는 것은 아니었다. 2차 세계 대전을 승리로 이끈 처칠이 그 이후 실시된 총선에서 수상직을 내려놓아야 했던 기억을 마거릿은 선명하게 기억하고 있었다.

　언론에서도 바로 그러한 사건들을 상기시키며 이번 총선에서도 그런 일이 벌어질지 모른다는 우려를 쏟아냈다. 마거릿도 그 점이 무척 마음에 걸렸다.

　하지만 이런 우려는 쓸데없는 걱정에 불과했다. 총선 결과는 마거릿의 압승이었다. 이로써 마거릿은 집권 2기를 안정적으로 이끌어 갈 기반을 확보하였고 집권 1기에서 이어져 온 자신의 정책을 더욱 강력히 실시할 수 있게 되었다.

마거릿이 압도적인 승리를 거둔 것은 전쟁 과정에서 보여 준 신념과 용기가 국민들의 가슴속에 깊은 인상을 남긴 까닭이기도 했지만 무엇보다도 경제가 호전되고 있다는 데에 대한 국민들의 지지 때문이었다.

　1980년대에 접어들면서 국제 정세는 한 치 앞을 내다볼 수 없을 정도로 변하고 있었다.
　경제 상황도 마찬가지였다. 2차 세계 대전의 패전국이었던 독일과 일본이 눈부신 성장을 할 동안 오히려 승전국인 영국은 제자리걸음을 걷고 있었다. 이러한 상황에 영국 국민들이 상대적인 박탈감을 느껴왔는데 이것들을 바꿀 수 있는 인물이 마거릿이라고 생각했던 것이다.
　안정적인 지지 기반을 확보한 마거릿은 자신이 구상했던 경제 정책을 더욱 강하게 추진하였다. 세금 제도를 개혁하고 세금을 인하했으며, 교육 제도를 수정했다. 그리고 국가가 운영하던 기업을 민간에 인수했으며 기업의 주주들을 대중화시켰다.
　마거릿은 마치 멈추지 않는 탱크처럼 쉼 없이 전진하였다. 하지만 그 앞에는 또 하나의 강력한 적이 기다리고 있었다. 바로 탄광 노조를 이끄는 아서 스카길이었다. 그는 1974년, 노조 운동으로 히스 정권을 실각* 시킨 바 있는 강력한 상대였다.

　어느 날, 마거릿은 경제 관련 각료들을 소집하였다.

실각 : 어떤 일에 실패하여 있던 자리에서 물러나는 것.

"탄광 노조가 파업을 주도했을 경우에 대비책이 있습니까?"

"안 그래도 그에 대비할 계획을 마련하고 있습니다."

"장기전에 대비할 계획도 함께 마련해 주세요. 대비가 끝나는 대로 제게 보고해 주세요."

"알겠습니다, 수상님. 그런데 어째서 그런 대책을 준비하시는 겁니까? 혹시 무슨 계획이라도 있으신 겁니까?"

"정부는 어떤 상황에도 대응할 수 있는 비책을 갖고 있어야 합니다. 탄광 노조는 언제든 파업을 할 수 있는 조직이 아닙니까?"

마거릿은 혹시라도 스카길이 정부의 움직임을 눈치채지 못하도록 조용히 결전의 그날을 준비하였다.

한때 국가의 에너지 확보에 있어서 절대적 비중을 차지하고 있던 탄광 사업은 석유와 원자력 가스 공급이 확대되면서 사양산업*이 되고 있었다. 이것은 정부에 막대한 부담이 되었다. 많은 탄광이 적자를 면하지 못했지만 워낙 강성한 노조 때문에 손을 쓰지 못하고 있었던 것이다.

하지만 언제까지 정부가 그들의 적자를 메워 줄 수는 없는 일이었다. 그렇다고 스카길과 대결을 벌이다가 자칫 정권을 잃게 될지도 몰랐다.

마거릿은 그 사실을 잘 알고 있었지만 그녀는 적당히 타협을 선택할 사람이 아니었다.

1984년 3월, 영국 석탄공사의 총재가 적자 상태의 탄광 20여 곳과

사양산업 : 사회, 경제, 기술 변화에 대응하지 못하고 쇠퇴해 가는 산업.

2000여 명의 인원을 퇴출시킨다는 계획을 발표하였다. 비록 석탄공사 총재가 발표한 것이지만 이것은 마거릿이 스카길에게 선전포고를 한 것이나 다름없었다.

스카길은 즉각 반격했다. 탄광 노조의 전면적인 파업이 시작되었던 것이다. 하지만 마거릿은 물러설 생각이 없었다. 이미 스카길과의 전쟁에 대비해 많은 준비를 해 두었다.

마거릿은 탄광 노조가 파업을 하는 것에 대한 부당성을 강하게 비판하면서 혁신을 부르짖었다. 막대한 탄광사업의 적자를 국민이 더 이상 감당할 수 없다는 호소는 탄광 노조가 파업을 하는 명분을 흐리게 했다.

이러한 마거릿의 전략은 더비 주나 노팅엄 주와 같이 생산성이 높은 지역의 노동자들이 파업에 참석하지 않는 결과를 이끌어 냈다. 파업 불참자는 더욱 확대되어 전국 17만 명 중 5만여 명이 파업에 불참했다. 때문에 파업 참가자와 불참자들끼리 충돌하는 일까지 벌어졌다.

파업 불참자가 전체의 1/3이 넘게 발생하는 사태는 스카길로서도 예상치 못한 일이었다. 더구나 예전에 히스와 싸움을 했을 때는 석탄 의존율이 75%에 달했지만 지금은 다른 고급 에너지의 개발로 인해 35%로 떨어져 그만큼 위력이 약해져 있었다.

스카길은 불길한 느낌을 지울 수 없었지만 다가오고 있는 겨울에 기대를 걸었다. 아무래도 겨울이면 석탄 없이는 힘들 것이라 생각했다.

그러나 이미 발전용 석탄을 비축해 둔 마거릿은 석유 공급을 확대하는 정책을 실시하여 스카길의 예상을 뒤엎었다. 그리고 파업에 대한 법령을 강력하게 개정하여 새로운 노동법으로 스카길을 압박하였다.

무엇보다 경제성이 없는 석탄 사업의 적자 비용을 국민들의 주머니에서 보충해야 된다는 사실 때문에 국민들은 스카길을 지지하지 않았다. 국민 여론이 돌아서자 스카길은 더 이상 버틸 수가 없었다.

마침내 다음 해 3월, 스카길은 전국 조합원이 무조건 파업을 포기하고 직장에 복귀한다는 항복 선언을 하였다. 뚝심 있는 마거릿 앞에서 강력한 노조의 대명사였던 스카길이 무릎을 꿇은 것이다.

이것은 영국에 있어서 엄청난 의미가 있는 사건이었다.

영국의 고질적인 경제병은 노조 때문이라는 말이 있을 정도로 영국 경제의 발목을 잡는 주범은 노조였다. 하지만 역대 그 어느 정권도 노조를 굴복시키지 못했다.

심지어 히스는 "이 나라를 지배하는 것이 누구인가?"라고 자조하면서 노조와 대결했지만 쓸쓸히 정권에서 물러나고 말았다.

만연해 있는 영국병을 극복하기 위해서는 바로 이 노조와의 싸움이 핵심이라고 해도 과언이 아닐 것이다. 그런데 마거릿은 그것을 해냈다. 노련한 의사가 곪을 대로 곪은 환부를 도려내듯이 영국병의 뿌리를 도려낸 것이다.

가장 큰 장애물을 제거하는 데 성공한 마거릿은 더욱 자신감 있게 자신이 구상했던 경제 정책들을 시행하였다. 마거릿이 취임 초기부터 시행했던 공기업의 민영화 정책은 가시적인 성과를 냈다. 매출과 순이익이 비약적으로 상승하기 시작한 것이다.

이에 마거릿은 더 많은 기업들, 브리티시 텔레콤, 브리티시 가스, 롤스로이드 등의 민영화를 실시하였다.

뿐만 아니라 민영화에서 생기는 이득을 국민들에게 돌려주기 위해 국민주주제를 확대했다. 국민들이 직접 주식을 사고팔아 경제를 활성화시키는 방안이었다. 그리하여 200만 명이던 영국의 주주는 900만 명으로까지 확대되었다.

마거릿은 핸드백 속에 그녀의 독특한 경제 철학을 보여 주는 메모지를 지니고 다녔다. 그것은 바로 부자들에 대한 특이한 관점이었다.

부자를 때려눕히는 것으로는 가난한 자를 도울 수 없다.

이는 부자가 더욱 부유하게 됨으로써 가난한 자의 생활을 끌어올릴 수 있다는 뜻이었다. 그동안 권력자들은 부의 재분배* 문제에 있어서 부자의 소득이 높을수록 세금을 많이 거둬들이는 데 치중하였다. 그 결과 최고 83%에 이르는 높은 소득세가 부자들에게 부과되었다. 이것은 부자들의 불만이 높아질 뿐 아니라 노동 의욕도 떨어뜨렸다.

마거릿은 사회적인 평등이란 부자들의 소득을 뺏는 것이 아니라 모두가 열심히 일하는 것으로 달성된다고 믿었다. 즉 부자들이 열심히 일을 해서 부의 크기를 키워야 가난한 자도 부를 누릴 수 있다고 믿었던 것이다.

그리하여 마거릿은 세율을 40%까지 낮추고 부자들이 더욱 부를 일굴

부의 재분배 : 부유한 사람에게서 가난한 사람으로 소득이 이동되는 정책. 빈부의 차이를 줄이고 골고루 경제 소득을 가질 수 있도록 한다.

수 있는 기회를 만들어 주었다.

마거릿의 정책 중 또 하나는 DIY 정신이다.

'Do It Yourself'의 약자로 국민들 모두가 경제적으로 자립할 수 있도록 스스로 열심히 노력하고 능력을 발휘해야 한다는 뜻이다. 마거릿의 신념과 정신이 응축되어 있는 단어라고 할 수 있다.

"노력은 배신하지 않습니다. 노력하는 자에겐 반드시 보상이 있기 마련입니다. 그러니 스스로 노력해야 합니다."

마거릿의 집권 2기를 지나면서 영국 경제는 거인이 오랜 잠에서 깨어나 서서히 자리를 털고 일어서듯이 우뚝 섰다. 경제가 회복되자 국제사회에서 영국의 지위도 급상승하여 세계를 대표하는 지도자로서 마거릿의 위상도 높아졌다.

당시 미국은 레이건 대통령이 집권하면서 레이거노믹스, 즉 국가의 성장으로 대표되는 정책들을 추진하며 강한 미국을 추구하였다.

이렇게 레이건과 마거릿 대처로 대표되는 자본주의 진영은 고르바초프*가 이끄는 사회주의 진영을 크게 압박하였다. 그리하여 베를린 장벽의 붕괴를 시작으로 동부 유럽이 하나씩 독립했고 1991년에 결국 소련, 즉 소비에트 공화국의 해체를 불러왔다. 100여 년간 이어져 온 자본주의와 공산주의 대결의 종지부를 찍게 한 중요한 기반이 되었다.

고르바초프 : 1990년에 당선된 소련 최초의 대통령. 소련의 공산주의 통치를 끝내고 세계평화에 영향을 주어 노벨평화상을 받기도 했지만 소비에트 공화국이 해체한 후인 1991년에 대통령 자리에서 물러났다.

영국 국민은 해가 지지 않는 제국이란 찬란한 영광의 시대에는 미치지 못했지만 마거릿으로 대표되는 대영제국에 큰 자부심을 느꼈다.

1987년, 굳건한 권력 기반과 국민들의 지지를 받고 있는 마거릿은 어렵지 않게 세 번째 총선에서 승리하여 집권 3기를 맞이하였다.

철의 여인, 신념의 정치인, 다우닝가 10번지의 마녀 등 세 번째 수상 등극에 성공한 마거릿을 이르는 별명들은 많았다. 하지만 많은 별명들의 이미지는 하나같이 냉정하고 강한 것들이었다.

실제 그녀는 늘 냉정하고 때론 오만해 보일 정도의 자신감 넘치는 표정으로 국민들을 대하였다. 이런 이미지들은 다분히 의도적인 것이었다.

그때까지도 사회는 여성이라는 이유만으로 차별하고 여성이라는 선입견 때문에 불이익을 주기 일쑤였다. 그것은 수상이라고 해서 예외가 될 수 없었다.

"여자 수상이 설마 이런 일을 할 수 있겠어?"

"그래 봐야 여자 수상이잖아!"

이러한 인식에서 결코 자유로울 수가 없었던 것이다. 마거릿은 그런 편견과 선입관을 무척 증오하였다.

"저는 정치가입니다. 어디까지나 정치가입니다. 제가 여자인 것은 우연에 지나지 않습니다."

언젠가 마거릿이 연설회에서 한 말이다.

이 말에서도 볼 수 있듯이 그녀는 자신이 여성이란 점을 의식했다. 그런 점들이 그녀로 하여금 더욱 냉정하고 강해 보일 수 있는 이미지로 포장하게 하였던 것이다.

　물론 그녀가 냉정하고 강한 정책들을 시행한 것은 사실이다. 지금껏 그 어떤 남자 수상도 감히 시행할 수 없던 일들을 과감하게 추진했다.

　마거릿은 이미 깊은 병이 들어 숨 쉬는 것조차 버거운 영국이라는 나라를 구하는 길은 냉정하게 환부를 도려내는 것이라 믿었던 것이다.

　그러나 눈물 한 방울 나오지 않을 것 같은 그녀에게도 눈물은 있었다.

　그 하나가 파리-다카르 랠리*에 선수로 참가했던 아들 마크가 행방불명이 된 것이다. 수상의 아들이 실종된 것은 큰 사건이 아닐 수 없었다.

　마거릿은 아들의 실종 소식에 평정을 유지하려 노력했지만 속은 새까맣게 타들어 갔다. 아들이 위험에 빠졌다는 소리는 아무리 냉정한 마거릿도 마음이 흔들리지 않을 수 없었던 것이다.

　사실 마거릿은 자신 스스로 한 가지 커다란 약점이 있다고 생각했는데 그것은 바로 어머니의 자리였다. 너무 바쁜 공직 생활로 아이들과 함께 할 수 있는 시간은 그만큼 적었기 때문에 다른 어머니들처럼 해 주지 못했다는 점이 늘 마음 아팠다.

　아들 마크와 함께했던 프랑스인 운전자가 구출되었지만 여전히 마크의 행방을 찾지 못하자 마거릿은 더욱 안절부절못하였다.

　그날 점심에 예정된 강연을 하기 위해 호텔로 들어서는 마거릿에게 한 기자가 질문을 하였다.

파리 다카르 랠리 : 사막을 종단하는 자동차 경주로 종종 사망자가 발생하기도 하는 악명 높은 대회.

"저 역시 무척 걱정스럽습니다만 마크의 행방을 확인하신 겁니까?"

"아직 다른 뉴스는 없습니다. 당연한 말입니다만 어머니로서 무척 걱정입니다."

마거릿은 순간 울컥하는 감정이 솟구쳤다. 어머니란 단어에 목이 멨던 그녀는 끝내 기자들이 있는 자리에서 펑펑 눈물을 쏟고 말았다.

마거릿이 우는 모습을 본 기자들은 깜짝 놀라지 않을 수 없었다. 누구보다 냉정하기로 소문난 마거릿이 아니던가.

이 일은 다음 날 신문에 '대처, 소리 높여 울다' 라는 제목으로 빅뉴스가 되었다. 아무리 냉정하기로 소문난 마거릿이었지만 아들의 위험 앞에서는 나약할 수밖에 없는 어머니였던 것이다.

그 후 아들 마크가 구조되었지만 마거릿이 흘린 눈물은 냉정함으로만 비춰지던 그녀의 이미지를 개선하는 데 큰 도움을 주었다.

또 다른 하나는 바로 포클랜드 전쟁이었다. 전쟁 중에 죽어 간 전사자들이 마거릿을 눈물 흘리게 했던 것이다. 비록 단 한 번도 공식 석상에서 눈물을 보이지 않았지만 마거릿은 아무도 없는 자리에서 홀로 눈물을 흘렸다. 자신이 결정한 전쟁이었기에 그 아픔이 더했던 것이다.

폭탄 테러로 에어리를 잃었을 때도 그녀는 눈물을 흘렸다.

전혀 예상치 못한 동지의 죽음.

공공연하게 벌어지는 테러에 대한 공포와 분노.

테러에 희생된 사람들을 생각하며 마거릿은 오래도록 가슴 아파했다.

냉정했지만 가슴 뜨거웠던 여인! 그게 바로 마거릿 대처였던 것이다.

국제무대의 중심에 선 철의 여인

마거릿이 국제적인 명성을 얻게 된 것은 야당 대표 시절이었다. 당시 국제사회는 미국을 중심으로 하는 자유주의 진영과 소련을 중심으로 하는 사회주의 진영으로 나뉘어 치열한 경쟁과 대립을 하고 있었다. 그러다가 70년대 들어서면서 둘 사이에는 데탕트*라는 긴장 완화 정책이 형성되었다.

그러나 공산주의를 반대하는 철저한 반공주의자였던 마거릿은 데탕트라는 것을 믿지 않았을 뿐 아니라 한 걸음 더 나아가 소련에 대한 열렬한 연설을 하였다.

"소련은 세계 정복을 겨누고 있습니다. 소련은 세계 역사상 일찍이 보

데탕트 : 국제 관계의 완화라는 프랑스 어. 냉전을 계속해 오던 미국과 소련은 1970년대 이후부터 평화공존 정책을 내세웠다. 1972년 미국의 닉슨 대통령이 모스크바와 베이징을 방문하면서 미국과 소련의 관계는 부드러워졌고, 1980년 중반 이후부터 소련이 개혁하기 시작하면서 그 분위기가 고조되기 시작했다. 독일이 통일되고 소련이 붕괴되는 1991년 이후부터 냉전 시대가 끝나면서 데탕트가 이루어졌다.

지 못했던 강대한 제국주의* 국가가 될 수 있는 방법을 손아귀에 넣었고 실제로 그러한 정책을 계속하고 있습니다. 우리는 그들의 의도를 오도해서는 안 됩니다. 그들을 막을 수 있는 것은 강한 군사력과 국민의 단결뿐입니다."

이런 마거릿의 연설은 많은 화제를 불러일으켰고, 소련에서는 그녀를 철의 여인이라고 공격하였다. 이 철의 여인이라는 말에는 냉담하고 경멸하는 의미가 들어 있었지만 나중에 마거릿을 상징하는 단어가 되었다는 것은 아이러니한 일이 아닐 수 없다.

아무튼 마거릿은 그 연설 이후 국제사회에서 주목받는 정치인으로 부상하였는데, 스위스 취리히에서의 연설은 그녀의 명성을 더욱 굳히는 계기가 되었다.

수상이 되고 난 후 그녀는 자신이 천명했던 것처럼 미국의 대통령 레이건의 충실한 동지로서 소련에 대해 강경 노선을 취하기 시작하였다.

1982년 11월, 소련을 통치하고 있던 서기장 브레즈네프가 사망하면서 소련은 극심한 권력 투쟁의 시기에 접어들었다. 안드로포프에서 체르넨코로 다시 고르바초프에게로 권력이 넘어갔다.

소련 내에서 젊고 기개가 넘치는 소장파의 선두 주자였던 고르바초프는 날로 어려워지는 소련의 상황을 타개하기 위해 페레스트로이카*를

제국주의 : 우월한 군사력과 경제력으로 다른 나라나 민족을 지배하여 거대한 국가를 건설하려는 경향.
페레스트로이카 : 1986년 이후 소련의 고르바초프가 국내적으로는 민주화와 자유화를, 외교적으로는 긴장 완화를 강조한 정책.

부르짖었다.

페레스트로이카는 주로 경제에 있어 사회주의의 병폐를 개혁하자는 정책이다. 소련은 날로 심해져 가는 경제적인 압박 속에서 사회주의 진영을 유지하기 힘들 지경이었는데, 그 상황을 타파하기 위한 것이었다.

마거릿과 고르바초프는 1984년, 고르바초프가 서기장이 되기 전 영국을 방문했을 때 처음 만나게 된다.

"고르바초프를 만나는 것은 신중히 결정하실 문제입니다, 수상님."

"그렇습니다. 소련은 지금 한창 권력 투쟁이 진행되고 있습니다. 고르바초프가 소련의 강력한 후보 중의 한 명임에는 분명하지만 아직은 모릅니다. 만약에 다른 자가 소련의 권력을 잡게 된다면 우리나라와 껄끄러운 관계가 될 수 있습니다."

"맞습니다. 고르바초프는 외무 장관 선에서 해결하시는 게 좋을 듯합니다."

마거릿의 참모들이 고르바초프와의 만남을 반대하였다.

"여러분의 우려를 모르는 게 아닙니다. 하지만 고르바초프는 합리적이고 솔직한 사람입니다. 대화를 나눌 가치가 있습니다."

"어째서 그런?"

"지금껏 어느 누구도 사회주의 체제를 바꾸자는 말을 해 본 적이 없습니다. 페레스트로이카는 이 상태로 소련이 더 이상은 버티기 힘들다는 자기 고백입니다. 이 정도면 솔직하다고 할 수 있겠지요."

마거릿은 페레스트로이카의 본질을 깨닫고 있었다. 그래서 고르바초프가 충분히 대화를 나눌 만한 상대라고 인식했던 것이다.

마거릿은 고르바초프와의 회담에 응하였고 이것은 권력 투쟁을 벌이고 있던 고르바초프에게 많은 힘이 되어 주었다. 결국 고르바초프는 집권에 성공하였다.

그리고 3년 후인 1987년, 마거릿은 영국 수상으로서는 12년 만에 소련 방문길에 올랐다.

그녀는 소련 민중의 따뜻한 환영을 받으며 모스크바에 도착했다. 고르바초프와 만난 마거릿은 장장 11시간에 걸친 회담을 직접 벌였다.

지도자들끼리 11시간에 걸친 회담은 전례가 없다시피한 일이었다. 그만큼 마거릿은 고르바초프를 신뢰하고 있었다.

"이건 제 느낌이긴 합니다만 레이건 대통령을 만나 보시지 않겠습니까? 서로 하시고 싶은 대화가 무척 많으실 것 같은데 말입니다."

마거릿이 농담처럼 말했다.

"레이건 대통령이요? 멋진 이미지를 가지고 계신 분이지요. 영화배우를 하셨다는데 저는 아직 그 영화를 보지 못했습니다."

"그런가요? 보내드리지요."

"하하! 수상님께서 보내 주신다면 꼭 봐야 할 것 같습니다. 그러지요. 꼭 보겠습니다."

마거릿이 소련을 방문하고 난 1년 후 레이건 대통령이 소련을 방문하였다. 동서 진영의 최강 지도자들이 회담을 거치며 많은 것들이 합의되었다. 동서 진영이 냉전을 끝내고 드디어 평화를 위한 시대로 방향을 틀게 되었던 것이다. 이것은 두말할 것도 없이 마거릿이 중매한 결과였다.

이렇듯 영국은 국제사회에서 주도적 역할을 회복하였다. 그럴 수 있었던 가장 큰 이유는 마거릿의 강력한 카리스마가 빛을 발한 덕분도 있었지만 가장 근본적인 이유는 영국의 경제가 회복되었기 때문이었다.

사람이 주머니가 비어서는 어느 곳에 가더라도 힘을 쓸 수 없는 법이다. 그건 국가도 마찬가지다. 경제적으로 어려운 나라는 국제사회에서도 힘을 쓸 수가 없는 것이다.

그동안 영국이 침체에 빠졌던 것도 따지고 보면 경제가 어려웠기 때문이었다. 이제 경제가 회복되었기에 위상이 높아지는 건 당연한 일이었다.

하지만 그런 자신감은 자칫 오판을 부르기 십상이다. EC*의 논의 과정에서 마거릿이 그랬다. 그녀는 처음부터 EC에 부정적이었다. 유럽의 많은 나라들과 영국이 통합하는 것은 있을 수가 없는 일이었다.

EC에 대한 이런 부정적인 생각들은 마거릿을 고립시키고 영국을 고립시키는 결과로 이어졌다. 뿐만 아니라 영국 경제가 불황으로 이어지는 한 요인이 되었다.

2차 세계 대전을 승리로 이끈 처칠 이후, 마거릿은 세계무대에서 가장 두드러진 활약을 한 영국 수상이다. 레이건이라는 든든한 지원자이자 동지와 단단한 유대 관계를 만들고 무대의 전면에서 세계를 이끌었다.

EC : 기존에 있던 경제 관련 연합체들이 모여 1957년에 하나로 통합된 유럽공동체. 여기에 가입된 유럽 국가들은 자본과 사람, 서비스 등을 자유롭게 이동할 수 있어 유럽을 하나의 시장으로 묶을 수 있는 장점이 있다. 1994년 이후에는 EU, 즉 유럽연합이란 명칭으로 변경해 사용하고 있다.

이것은 2차 세계 대전 후 50여 년 가까이 이어져 온 동서 진영의 대결과 대립을 끝내는 데 밑거름이 되었다.

더욱이 1991년에 베를린 장벽이 무너지면서 사회주의 진영의 붕괴가 가속화되었고 마침내 자유주의 진영의 승리로 막을 내렸다.

이것이 전적으로 마거릿의 공이라고 할 수는 없을지라도 마거릿이 어느 정도의 역할을 했다는 것은 부정할 수 없을 것이다.

동시대 세계 유명 지도자들이 함께 한 사진을 보라.

그곳엔 유일한 여성으로 당당히 서 있는 마거릿이 있을 것이다.

 저물어 가는 이 시대의 전설

1984년 초겨울, 수상 관저에서는 만찬회가 열렸다.

이 만찬회장에 말쑥한 차림의 젊고 유능해 보이는 사내가 안으로 들어섰다. 보수당 하원 내에서 부간사를 맡고 있는 존 메이저였다.

이 자리는 원래 간사가 참석하기로 되어 있었지만 IRA* 폭탄 사건으로 그가 부상당하여 입원 중이었기 때문에 대신 참석하게 되었던 것이다.

광대와 가수인 부모님에게서 태어난 메이저는 파란만장한 삶을 살아왔다. 온갖 종류의 직업을 체험했고 한때 실업자로 등록까지 한 적도 있었다. 그 후 보수당에 입당하여 1979년 총선에서 하원 의원으로 선출되었던 것이다.

만찬회장에는 많은 의원들이 파티를 즐기며 담소 중이었는데 보수당 내부 평의원들이 마거릿의 정책에 대해 노골적인 불만을 터트렸다. 마

IRA : 영국 땅인 북아일랜드와 아일랜드 공화국의 통일을 요구하는 아일랜드의 공화군.

거릿도 그 자리에 있었지만 마치 자신들의 말을 들으라는 듯이 말이다.

"죄송합니다만 어째서 그 정책이 잘못된 것인지 설명해 주시겠습니까?"

이때, 정중하지만 확신에 찬 목소리가 들렸다.

"그러니까 제가 듣고 싶은 것은 단순히 잘못됐다가 아니라 어떤 점이 어떻게 잘못됐는지 논리적인 설명을 듣고 싶은 겁니다."

마거릿의 정책에 대한 불평을 쏟아 내던 평의원들이 당황한 듯 동그랗게 눈을 뜨고 메이저를 바라보았다.

"좋습니다. 그렇다면 제가 지금 시행하고 있는 정부 정책들의 효과에 대해 설명해 보겠습니다. 혹시 이론에 맞지 않거나 예시와 어긋나는 것이 있으면 지적해 주십시오."

메이저는 거침없이 지금 시행하고 있는 정책의 배경에서부터 효과를 논리적으로 설명해 나갔다. 누구 하나 제대로 반론을 제시할 수 없을 만큼 완벽했다.

"저분은 누구지요?"

마거릿이 옆에 앉아 있던 비서실장에게 조그맣게 물었다.

"존 메이저라고 하원 원내 부간사입니다."

그것이 마거릿과 존 메이저의 첫 만남이었다.

그날 이후 메이저는 정기적으로 마거릿과 만남을 가졌고 마거릿의 총애를 받게 되었다. 그에 따라 그의 직책도 승승장구하여 원내 총무, 사회보장 장관, 외무부 장관을 거쳐 재무 장관에 취임하기까지 했다.

정치계에서는 공공연하게 메이저를 마거릿의 후계자, 또는 왕세자로 불렀다. 그것은 다른 한편으로 마거릿의 시대가 저물어 간다는 반증이

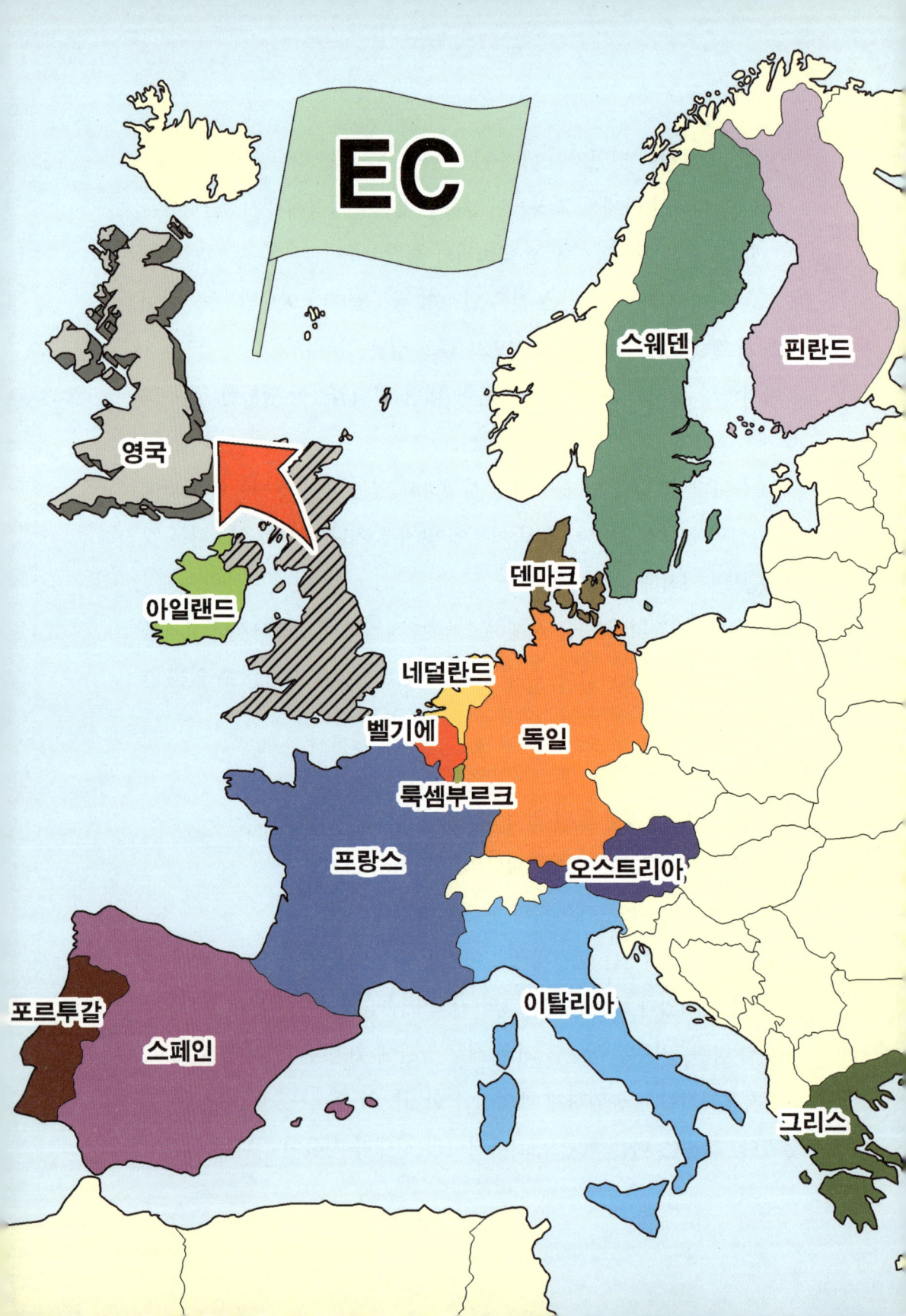

기도 했다.

　마거릿이 3선에 성공하여 세 번째 수상직을 이어갔지만 영국을 둘러싼 국제 정세가 심상치 않게 흐르고 있었고, 국내 경기 역시 불황의 그림자가 스며들기 시작하였다.
　당면한 가장 큰 문제 중에 하나는 활발히 진행되고 있는 EC, 즉 유럽공동체에 대한 논의였다.
　유럽공동체란 하나가 된 유럽이라는 뜻으로, 정치와 경제까지 통합하는 것이 목표였다. 하지만 마거릿은 정치적·경제적 권력을 EC에 넘기는 것을 강력하게 반대하였다.
　"우리에게 국경은 절대 필요합니다. 마약으로부터, 불법 이민자와 테러리스트로부터 우리 국민을 보호하려면 국경은 반드시 유지되어야 하는 것입니다."
　EC의 가치는 영국의 영광을 목표로 하는 마거릿과는 분명 상반된 이념이었던 것이다. 그러나 이것은 주변 국가들로부터 마거릿이 고립되는 원인이 되었다.

　EC 논의가 활발해진 이면에는 급변하는 경제 환경이 크게 자리 잡고 있었다.
　1980년대 후반부터 세계 경제는 각 대륙별로 경제블록*이 만들어지

경제블록 : 몇 개의 국가들이 경제적인 목적을 이루기 위해 단결하는 경제권. 배타적인 성격이 강하다.

기 시작했다. 강대국 미국을 중심으로 한 '팍스 아메리카'와 한국과 일본, 중국과 더불어 급성장하는 아시아의 개발도상국들을 상대하기 위해 유럽이 힘을 합쳐야 한다는 공감대가 형성되었던 것이다.

마거릿의 반대는 이런 유럽의 거대한 흐름에 반하는 것이었다. 마거릿의 반대파들은 그녀를 국수주의자*로 매도하고 고립주의 정책의 수정을 요구했다.

그러나 마거릿은 영국의 주권을 지켜야 한다는 명분 아래에서 꿈쩍도 하지 않았다. 그것은 치명적인 판단착오였다.

영국의 경제는 어차피 주변 유럽 국가와는 떼려야 뗄 수 없을 정도로 밀접하게 연결되어 있었다. 점차 높아지는 인플레이션을 억제하기 위해 '유럽 환율 조정 위원회'에 필수적으로 가입해야 했지만 마거릿은 영국 파운드화의 독립성을 훼손한다는 이유를 들어 거부하였다.

그러나 그녀는 불과 1년 만에 자신이 한 결정을 번복해야만 했다. 1989년 말이 되자 경제공황과 함께 극심한 인플레이션이 발생했던 것이다.

물가가 폭등하자 민심이 흔들리기 시작하였다. 이에 마거릿은 스코틀랜드에 인두세라는 주민세를 도입하였다.

이전에 재산세라는 것은 재산이 많고 적음에 따라 책정되었는데 이번에 새로 도입한 주민세는 소득이나 재산 규모에 관계없이 모든 사람들에게 동일한 세율을 부과하는 것이었다.

국수주의자 : 조국의 고유한 전통과 가치만이 가장 뛰어난 것으로 믿고, 다른 나라와 민족을 배척하는 극단적인 경향을 나타내는 사람.

이것은 마거릿의 결정적인 실책으로 엄청난 혼란을 야기했다. 국민들의 대규모 항의와 데모가 도시 곳곳에서 벌어졌다. 심지어 상점들이 약탈당하고 무차별 방화까지 일어났다.

그러나 마거릿은 자신의 별명인 철의 여인답게 눈 하나 깜빡하지 않았다.

1990년 3월, 대규모로 시위하는 군중과 경찰의 충돌로 130여 명의 부상자가 발생하였지만 4월에 기어이 잉글랜드 지방과 웨일스에 인두세를 실시하였다.

"성인이라면 누구나 자기의 경제 생활에 대한 책임을 져야 합니다. 국가 재정의 원천은 개인이 확보하는 부에 있는 겁니다. 형평이라는 이름 아래에서 부를 축적하려는 개인의 동기를 짓밟아서는 안 됩니다."

이러한 마거릿의 주장은 집권당인 보수당 내에서도 분열과 혼란을 야기했다. 지지율도 급격히 낮아져 여론조사에서 보수당이 노동당에 26%나 뒤지는 것으로 나타났다.

게다가 유럽 곳곳에서 EC의 논의는 더욱 활발해졌는데 유럽 통합에 반대하는 영국을 제외하자는 목소리가 점점 높아졌다.

자칫 유럽에서 영국만 고립되는 결과를 초래할 수도 있었지만 마거릿은 자신의 뜻을 굽히지 않았다. 그러자 언론에서도 마거릿의 사임을 요구하기 시작하였다.

권력이란 고독한 것이다.

마거릿은 주변에 자신의 마음을 터놓고 말할 사람이 없었다. 집권한 지 12년이 흐르면서 정치에 대한 감각도 총기도 많이 흐려져 있었다.

　1990년, 베를린의 장벽이 무너졌다는 소식이 날아들었다. 50년 가까이 동서로 갈라져 치열하게 대립했던 세계 질서가 새로운 체제로 변화하는 서곡이 울린 것이다.

　마거릿은 당혹스러웠고 의심스러웠다. 어지러울 정도의 속도로 변화해 가는 세계의 흐름을 읽기가 힘들었다.

　이제는 마거릿이 임명한 장관들까지 공공연히 마거릿의 실각을 요구했다. 여론조사 결과는 더 이상 나빠질 수 없을 정도로 나빠졌다. 마거릿의 마력이 사라진 것이다.

　하지만 마거릿은 아직 물러날 마음이 없었다. 많은 정치가들이 해 왔던 실수를 그녀 역시 저지르고 있었던 것이다.

　현명한 정치가는 자신이 물러설 때를 안다. 그러나 이미 권력의 달콤함에 취해 있는 자는 물러설 때를 알 수가 없다. 그런 어리석음을 마거릿은 범하고 있었던 것이다.

　보수당 내에서 마거릿의 신임 투표를 요구하였다.

　신임 투표를 주도한 인물은 마이클 헤젤타인이라는 위인으로 마거릿의 유일한 정적이었다. 그는 지금이야말로 마거릿을 수상 자리에서 물러나게 할 가장 좋은 때라고 생각했다.

　마치 그 옛날 마거릿이 끊임없이 불신임안을 제출했을 때처럼 세월이 흘러 자신이 그 처지에 몰리게 된 것이다.

1990년 11월 20일, 투표 결과가 발표되었다.

대처 204표

헤젤타인 152표

기권 16표

마거릿이 헤젤타인을 눌렀으나 이것으로 끝이 아니었다. 영국의 의회 제도는 상당히 복잡한 규칙을 가지고 있었다.

마거릿이 승리를 하기 위해서는 과반수 50% 에서 +15%의 표를 더 얻어야 했지만 마거릿은 그에 못 미쳤던 것이다. 결국 2차 투표를 할 수밖에 없었다.

2차 투표는 50% 이상, 즉 187표만 얻으면 되었다.

1차 투표에서 204표를 얻은 마거릿이 187표를 얻는 것은 쉬워 보였다.

그러나 투표란 미묘한 것이다. 마거릿은 참모들로부터 2차 투표에 출마하게 될 경우 최소 25명이 헤젤타인을 지지하며 돌아설 것이라는 보고를 받았다. 그것은 승패를 바꿀 수 있는 중요한 문제였다.

마거릿은 고민에 빠졌다. 2차 투표에 나가야 할지 아니면 사퇴를 해야 할지에 대해 선택해야 했기 때문이다.

'투표에 나간다면 내가 이길 수 있는 것인가? 사퇴를 한다면 내 뒤를 잇는 수상은 누구여야 하는가?'

마거릿은 존 메이저를 떠올렸다.

마거릿은 알게 모르게 메이저를 자신의 후계자로 생각해 왔다. 확실히 자신의 후임으로는 정적인 헤젤타인보다 메이서가 나을 것이다.

어쨌든 마거릿은 2차 투표에 나설 마음을 먹었다.

하지만 후보 등록 마감일 새벽, 마거릿은 극적으로 마음을 돌렸다.

자신의 서재에서 거의 뜬눈으로 날을 새운 마거릿이 어떤 계시를 받은 것처럼 후보 등록을 포기한 것이다.

마거릿은 메이저에게 전화하기 위해 수화기를 들었다.

"부탁이 있습니다. 저는 지금까지 이 나라가 빅토리아 시대의 영광을 되찾을 수 있길 소망했습니다. 그 소망만큼 최선을 다해 왔습니다. 이제 그 짐을 내리고 의원님께 모든 걸 맡기려 합니다. 무겁고 힘들겠지만 부디 신념을 가지고 전진해 주십시오."

말을 마친 뒤 마거릿은 수화기를 내려놓았다.

그것은 12년 동안 영국을 이끌어 왔던 수상 자리를 내려놓는 것이고, 그녀의 말처럼 무겁고 힘든 짐을 내려놓는 것이었다.

12년 동안의 회한이 한꺼번에 밀려들었다. 기쁨과 슬픔, 고뇌와 환희의 순간들이 선명하게 떠올랐다 사라졌다. 쉼 없이 달려온 날들이 아득하게 멀리 느껴졌다.

어떤 권력가도 시간 앞에서 자유로울 수는 없었다. 그 옛날 대제국을 건설했던 알렉산더 대왕이 그랬고, 진시황이 그랬으며, 칭기즈칸이 그랬다. 시간 앞에 영원한 것이란 없는 것이다.

마거릿은 이제야 편히 쉴 수 있을 것 같았다. 며칠 동안 기나긴 잠을 자고 싶었지만 아직은 할 일이 남아 있었다.

2차 투표 결과 존 메이저가 185표를 얻어 131표를 얻는 데 그친 헤젤

타인을 눌렀다. 그는 보수당 대표로 선출되었고 수상이 된 것이다.

마거릿은 그녀의 남편과 함께 여왕 엘리자베스 2세에게 사임을 보고하기 위해 버킹엄 궁전으로 들어갔다.

그 모습을 TV로 지켜본 국민들은 누구 할 것 없이 동정을 느꼈다. 입을 꽈악 다물고 있었지만 마거릿의 눈에는 눈물이 매달려 있었고 빨갛게 충혈되어 있었다.

마거릿과 영광을 함께 했던 국민들, 그러나 정권 말기에 접어들며 잘못된 정책들을 펴는 마거릿에게 비난을 퍼부었던 국민들도 이 순간만큼은 그녀를 무척이나 자랑스러워하였다. 비록 여성이었지만 남성보다 더욱 강력한 카리스마로 나라를 이끌어 온 여장부에게 보내는 진심이 담긴 경의였다.

마거릿은 여왕에게 사의를 표명함으로써 자연인으로 돌아갔다.

그녀는 런던에서 10여 km 떨어진 교외에 집을 마련했다. 오늘날에도 세계 평화를 외치며 여러 나라를 순방해 강연하고, 수상으로 활동하던 시절 못지않게 바쁜 생활을 하는 마거릿 대처.

최근 병상에 누워 있다고 전해지면서 안타까움을 자아내지만 영국 정치계의 위대한 전설로 언제나 살아 숨 쉬고 있다.

영국을 일으킨 신념의 리더십

리더는 크게 두 가지 유형이 있다.

하나는 설득력 있는 주장으로 남을 끌어당기는 타입이고, 다른 하나는 남의 의견을 듣고 그 속에서 자신의 주장에 맞는 것을 선택하는 타입이다.

전자는 강력한 지도력이, 후자는 유연한 조정 능력이 요구된다.

전자에게 필요한 것은 스스로의 논리를 상대방에게 이해시킬 수 있는 설득력과 박력이고, 후자에게 필요한 것은 상대방의 논리를 듣는 귀와 상대방이 말하고자 하는 것을 끌어내는 능력이다. 이 두 가지 타입의 대표적인 인물은 전자의 경우 마거릿 대처이고 후자의 경우 로널드 레이건이다.

마거릿의 특징은 신념을 현실로 옮기는 실행력이다. 대처리즘이라고 일컫는 그녀의 정치 스타일은 바로 이 실행력에 있는 것이다.

스스로의 주장을 정책으로 옮기고 그것을 강인하게 밀어붙이는 스타일은 때론 독재적이기도 하지만 때에 따라서는 즉각적인 효과를 얻을 수 있는 방법이기도 하다.

"소련에서는 저를 철의 여인이라 불렀습니다. 그들은 옳았습니다. 영국은 지금 철의 여인을 필요로 하고 있습니다."

소련이 다분히 마거릿을 비하하기 위해 붙인 별명을 마거릿은 스스로 인용하면서 강한 카리스마가 영국을 이끌어야 한다고 역설하였는데 바로 이 말 속에 그녀가 추구하는 정치의 핵심이 담겨 있었던 것이다.

실제로 그녀는 자신의 정책에 반기를 드는 참모를 과감히 잘라 내고 자신이 생각한 정책들을 실행하였다. 영국 내에는 많은 수의 이익 집단들이 있기 때문에 그들 모두를 만족시킬 수 있는 방법을 만들어 내는 것은 불가능했다. 많은 이익 집단들과의 논의 과정에서 정책 자체가 유명무실해져 실행해 보지도 못하고 사라져 버리는 일이 너무 많다는 것을 마거릿은 잘 알고 있었던 것이다.

마거릿의 일대기를 쓴 한 작가는 마거릿을 가리켜 2차 세계 대전 이후 합의를 거부한 최초의 수상이라고 평가했는데, 작가의 말처럼 마거릿은 합의보다는 상대의 논리를 공격하여 압도하는 신념으로 무장한 정치인이었다. 그것이 그녀를 신념의 정치인이라고 부르는 이유이다.

이러한 그녀에게 신념의 뿌리가 된 것은 바로 19세기에 등장한 영국 빅토리아 시대의 모습이었다. 그 시대는 영국이 '해가 지지 않는 나라'로 불리던 대영제국 최고의 전성기였다.

"빅토리아 시대에 영국의 공업과 상업이 얼마나 발전했었는지를 봐 주세요. 이 시대는 다른 사람들에 대한 의무감도 만들어 냈습니다. 병원을, 학교를, 공장을 만들어 낸 것입니다."

빅토리아 시대는 그녀에게 이상적인 시대였다. 빈부 격차가 심화되고, 아동과 여성이 학대당하며, 알코올 중독자들이 증가하는 등 사회의 어두운 면도 있었지만 산업이 번영하는 좋은 측면도 있었다. 게다가 중산 계급의 능력과 노력에 의해 얼마든지 부유 계급이 될 수 있었다.

그 어느 때보다 법과 질서가 엄격했고 사람들이 근면했던 시대였다. 이런 영국 국민들을 지키기 위해 엄격한 법과 질서가 필요하다고 생각한 마거릿은 불법 파업이나 북아일랜드 해방군 IRA에 대해 엄격히 대처했다.

"범죄는 범죄이며 범죄인 것입니다!"

마거릿의 또 다른 특징은 철저한 민족주의자라는 점이다. 영국의 부활은 그녀의 이러한 성향이 드러난 것임을 두말할 나위가 없다.

그녀는 EC 최정상급 회의에서 조국인 영국을 지나치게 추어올려 각국의 정상들로부터 반발을 샀지만 전혀 개의치 않았다. 이것은 이후 EC에 대한 소극적인 정책으로 이어졌고 마거릿 스스로 고립되는 결과를 초래하였다. 하지만 영국의 부흥에 거는 정열은 민족주의자로서의 에너지 그 자체였던 것이다.

이러한 마거릿의 가치관은 근면하고 종교심이 가득하며 가정을 소중히 여기는 아버지로부터 물려받았다.

그녀는 일을 하지 않는 자, 일을 할 수 없는 자 등의 약자에 대해서 편견에 가까울 만큼 마음에 안 들어 했다. 그녀는 기본적으로 가난이란 근면하지 않기 때문에 생긴다고 생각했다. 열심히 일을 하고 근면하게 살아간다면 가난은 저절로 사라질 수 있다고 믿었다. 그랬기에 그녀는 일벌레들을 무척 좋아하였다.

그녀는 주요 장관들뿐만 아니라 관료들까지 성실히 일할 것을 주문하였다. 단순히 장관의 지시만 기다리고 바라는 관료들을 무능하다고 여기며 냉담하게 대접했던 것이다.

이런 마거릿의 인식은 가난한 자와 사회적 약자에 대해 상당히 인색한 정책으로 고스란히 드러나 그녀의 약점 중에 하나로 남아 있다.

마거릿은 사람들로부터 사랑받는 것에 대해서 그리 중요하게 생각하지 않았다. 오히려 존경받길 원했다.

그녀의 한 측근은 이런 말을 한 적이 있다.

"그녀는 능력이 많은 사람들로부터 존경받는 것에 만족하고 있다. 그러나 사랑받고 있지는 않다. 만약 사태가 악화되어도 그녀가 의지할 수 있는 사람은 그리 많지 않을 것이다."

사랑이 없다는 것은 정이 없다는 말이 된다. 정보다는 노력과 능력을 중시했던 마거릿은 그만큼 외로울 수밖에 없었다. 그리고 그것을 버틸 수 있는 것은 오직 자신을 믿고 의지하는 것뿐이었다.

강한 만큼 외로웠던 지도자, 그리고 마치 연인처럼 그 누구보다도 영국을 사랑했던 지도자가 마거릿 대처였던 것이다.

마거릿과 동시대에 미국을 통치하였던 지도자는 레이거노믹스로 대표되는 로널드 레이건이다.

그는 마거릿과 함께 강력한 자본주의 라인을 구축하고 소비에트 공화국, 일명 소련으로 대표되는 사회주의 진영을 상대로 진정한 승리를 거둔 대통령이다.

레이건은 강력한 미국 건설에 초점을 맞추고 정책을 펴 나갔다. 세계 최강으로서 미국의 위상을 굳건히 하고 그 힘을 바탕으로 세계 질서를 재편하려는 그의 노력은 50여 년 동안 적대 관계를 유지해 오던 사회주의의 분열을 가져오게 하였고 결국 자본주의의 완전한 승리라는 역사적인 업적을 이루었다.

경제적으로는 보수 혁명이라는 작은 정부의 정책을 지향했다. 그 중요한 원칙은 자본가를 필두로 하는 사람들의 세금을 감면해 줌으로써 이들로부터 경제 성장의 동력을 얻을 수 있을 거라 판단한 것이다.

이것은 마거릿과 무척이나 비슷한 정책이었다.

그렇다면 작은 정부를 지향했던 마거릿과 레이건이 서로 비슷한 길을 걸어왔으나 어째서 레이건은 성공을 거두지 못하였는가?

우선 레이건 정부는 급격히 재정 적자가 상승했다는 문제점이 있었다. 레이건이 취임하기 이전 대통령인 카터 시절에는 1981년 재정 적자가 789억 달러였던 반면, 레이건 시절의 재정 적자는 1983년에 2078억 달러로 급격히 상승하였고 해가 갈수록 그 적자폭은 더욱 확대되었다. 재정 적자가 커지면서 그에 대한 이자 부담도 가중되어 미국 경제를 더욱 어렵게 하였던 것이다.

 또한 국방 예산이 기하급수적으로 늘어났다.

 레이건은 강력한 미국을 추구하였고 그것을 지탱하는 것은 강한 군사력이라고 생각하였다. 그리하여 그는 군사력의 현대화와 첨단화를 추진하였는데 그러기 위해서는 막대한 예산이 투입될 수밖에 없었다.

 그 예가 스타워즈 계획이었다. 스타워즈 계획이란 적의 미사일을 대기권 밖에서 격추하고자 하는 방어 시스템으로, 예산만 해도 2조 5천억 달러에 달하는, 어마어마한 자금이 투입되는 계획이었던 것이다.

 이러는 동안 미국 사회는 빈부 격차가 날로 심해져 갔다. 억만장자의 수가 3배 늘어난 만큼 가난한 사람들의 숫자가 늘었던 것이다.

 양극화가 심해질수록 사회 갈등의 폭도 커져 갔다. 실업자는 증가하였고 무역 적자는 날로 심해져 미국 산업의 경쟁력은 떨어져 갔다.

 2차 세계 대전 후 미국은 세계 경제를 주도하는 세계 최대의 경제 대국이었다. 미국이 기침을 하면 많은 나라가 감기에 걸린다는 말이 있을 정도로 그 영향력이 막강하였다.

 그러나 레이건 시절의 미국은 세계 최대의 경제 대국에서 세계 최대 채무국으로 전락하였다. 한 경제학자가 레이건을 위해 만든 묘비명을 공개하였는데 이렇게 쓰여 있다.

 세계 최대의 채권자라는 지위에서 최대 채무자로 바뀌었고 그렇게 변화시킨 속도는 또한 어디에도 비할 수가 없는 것이다. 그 사나이가 여기에 누워 있노라!

이것은 참으로 통렬한 비아냥거림이었고 조롱이었다.

그럼에도 적자는 계속 늘어 1989년에는 8천억 달러에 달했는데 이는 전 세계 채무액의 1/3에 해당하는 막대한 것이었다.

결국 2차 대전의 승전국이었던 미국이 패전국인 독일이나 일본에 구차하게 손을 내밀어 구원을 얻게 되는 굴욕적인 상황에 빠졌다.

레이건과 마거릿은 비슷한 가치와 정책 들을 들고 나왔지만 그 기본은 서로 차이가 있었다.

첫 번째는 마거릿이 근면과 성실, 검소한 국민 생활을 강조한 데 반해 레이건은 대형 슈퍼마켓으로 대변되는 소비문화가 중심이 되었다.

두 번째는 레이건 정부의 출범 초기에 지향했던 작은 정부는 시간이 흐르면서 초기와는 반대로 큰 정부가 되고 말았다. 막대한 국방비가 지출되었고 국제적으로나 국내적으로 큰 자본을 소유해야 할 필요성이 있었기 때문이었다.

세 번째는 레이건의 경제 정책을 레이건의 실험이라고 말하는 사람이 적지 않았다. 국내적으로 정치적 통합에 성공했지만 그 대신 재정 적자라는 대가를 치러야 했던 것이다. 거기다 무역 적자까지 더해지면서 미국 경제는 상당한 타격을 받았다.

결국 레이거노믹스는 실패한 경제 정책이었다.

그에 반해 대처리즘은 깊은 병에 걸려 서서히 죽어 가던 영국을 구해 낸 명약이었다. 물론, 그에 대한 부작용과 어느 정도의 실패도 있었다. 그러나 영국을 다시 일으켜 세웠다는 점은 누구도 부정하지 않는다.

한때 영국은 세계 최강의 국가였다. 산업혁명의 발상지로 '해가 지지 않는 나라'로 불리며 많은 식민지를 거느리고 세계를 군림했던 국가이다. 그러나 시대가 변하면서 국력은 쇠퇴하였고, 세계 최강의 국가라는 위상도 사라졌다. 게다가 영국 내부적으로 많은 문제들이 쌓인 채 썩어 들어가고 있었지만 그 누구도 영국을 구해 내지 못했다.

마거릿은 바로 그 절체절명의 순간에 나타났다.

비록 여자의 몸이었지만, 단지 여성이라는 이유만으로 많은 사람들로부터 비아냥거림과 냉소에 시달렸지만 그녀는 그 어떤 남자 지도자도 하지 못한 일을 훌륭히 해냈다. 강한 신념과 카리스마로 전 세계인들에게 깊은 인상을 심어 주었다.

고집과 결단으로 무장하고 위기 속으로 걸어 들어가 남자보다 더욱 강력히 영국을 통치한 그녀는 철의 여인 마거릿 대처이다.

인물 마주보기

영국병을 치유한 강철의 여인, 마거릿 대처

옳고 바르게 자랐던 어린 시절

1925년 10월 13일, 마거릿 힐다 로버츠는 영국 중부지방 링컨셔 주의 그랜덤에서 식품 잡화점을 하는 알프레드의 둘째 딸로 태어났다. 아버지 알프레드는 신앙심이 깊고 성실한 사람으로 비록 규모는 작았지만 식품 잡화점을 잘 운영하였다. 마거릿이 어느 정도 자라자 지방의회 의원으로 출마하여 당선되는 등 어린 마거릿이 정치에 관심을 가질 수 있게 하는 결정적인 역할을 하였다.

1936년에 케스트벤의 그랜덤 여학교에 입학한 마거릿은 매일 2.6km에 이르는 거리를 왕복하며 학교를 다녔는데, 그 시기에 지방의원으로 출마한 아버지의 선거 일을 도우며 실질적으로 정치를 경험하게 되었다. 그것은 마거릿에게 정치인이라는 확고한 꿈을 심어 주었고, 마거릿은 바로 그런 정치인이 되기 위해 공부에 열을 올렸다.

옥스퍼드 여대생, 정치를 알다

1943년, 옥스퍼드 대학에 입학한 마거릿은 그곳에서 '보수주의 협회'라는 모임에 가입하여 왕성하게 활동하면서 정치에 대한 꿈을 점차 구체화한다.

대학에서 화학을 전공한 마거릿은 대학 졸업과 함께 화학 관련 연구원으로 취직하였지만 대부분의 시간을 직장이 아닌 정치와 관련된 업무를 하면서 보낸다.

그러한 노력으로 몇 년 후, 겐드 주 다트피드 선거구에서 보수당의 공천으로 출마하였으나 낙선하게 된다.

불과 25살에 치른 하원 의원 선거는 마거릿에게 정치인으로서 본격적인 출발을 알리는 신호였다. 비록 선거에서 패하긴 하였지만 마거릿은 선거와 정치에 대해 많은 경험을 하게 된 셈이다. 1년 후 국회가 해산되면서 그녀는 다시 기회를 잡았지만 또 한 번 낙선하게 된다.

데니스 대처와의 결혼

마거릿은 선거 운동 기간 중 평생의 반려자가 될 데니스 대처와 사랑에 빠진다. 선거가 끝난 후 이들은 결혼을 하고, 마거릿은 성이 대처로 바뀌게 된다.

마거릿은 결혼을 하고 나서도 정치인의 꿈을 버리지 못했다. 게다가 두 번 낙선했던 기억은 마거릿에게 많은 자극이 되었다. 하지만 아직 때가 아님을 직감한 마거릿은 우선 법률을 공부하여 자신의 경쟁력을 더욱 높이고자 하였다.

1953년, 쌍둥이 남매인 마크와 캐롤을 낳은 마거릿은 그 와중에 변호사 시험에 도전한다. 당당히 합격을 한 그녀는 변호사 사무실에 취직한다.

다시 정치계에 도전!

여자라는 점과 아이를 둔 어머니라는 이유로 수많은 공천에서 탈락했던 마거릿은 1959년에 북 런던 핀츨리 지역에 보수당의 공천을 받는다. 그리고 마침내 하원 의원으로 당선된다.

세 번의 도전 끝에 이룬 쾌거였고 그동안 마거릿이 오랫동안 품어 왔던 꿈을 이룬 순간이었다. 꿈을 이룬 마거릿은 마음속에 더 큰 목표를 가지게 되었는데 그것은 그동안 그 어떤 여성도 상상하지 못한 것이었다.

1967년에 초선으로 그림자 내각에 들어가게 된 마거릿은 늘 그랬듯이 정열적으로 일에 매달렸다. 마치 일을 위해 태어난 사람처럼 누구보다 열심히 일을 하였다.

1970년, 대표 히스가 이끄는 보수당이 승리를 하면서 수상이 된 히스는 전격적으로 마거릿을 교육부 장관으로 발탁한다.

교육부 장관으로서 정부의 시책에 맞춰 추진한 정책들이 국민들로부터 엄청난 반발을 불러와 정치적으로 큰 위기에 몰렸지만 마거릿은 특유의 뚝심으로 자신의 신념을 밀어붙였다. 그런 그녀를 히스는 계속 중요한 자리에 임용함으로써 마거릿은 정치 기반을 조금씩 확대해 갔다.

보수당의 여성 대표가 되다

그중 에어리 니브 의원이 마거릿 진영에 합류하게 되었는데, 그녀로서 엄청난 행운이었다. 정치적으로 노련하고 무엇보다 정치적인 상황을 읽는 능력이 탁월했던 에어리는 마거릿의 행보에 큰 도움을 주었기 때문이다.

1974년, 보수당은 수상인 히스가 국민들로부터 신임을 잃게 되자 심각한 내분 상태로 내몰리게 된다. 히스에게 대표직을 사임하라는 목소리가 높아지자 보수당은 새로운 당 대표를 뽑기 위한 선거에 돌입하게 되었다.

마거릿은 과감히 대표 선거에 나가서 2차 투표 끝에 히스를 누르고 보수당의 대표로 선출되었다. 지금껏 그 어떤 여성도 이루지 못한 업적이었다.

영국 여성 최초로 수상에 등극!

보수당의 대표가 된 마거릿은 당시 집권당인 노동당에 공격적으로 맞섰다. 그녀는 지금껏 그 어떤 남성 대표들보다도 공격적이었다.

한편, 냉전을 지나 데탕트 시대로 접어들었지만 마거릿은 소련에 강경히게 대응하도록 했고 실제로 그런 정책들을 지지했다. 이에 소련은 마거릿을 '철의 여인'이라고 조롱하지만 이것은 오히려 마거릿을 상징하는 별명이 된다.

1979년, 강하게 노동당을 몰아붙인 마거릿은 그해 총선에서 노동당을 누르고 승리하여 기어이 수상에 취임하게 된다. 여성 수상의 시대가 문을 연 것이다.

수상으로 취임한 마거릿은 만연한 영국병을 해결하기 위해 오래전부터 구상해 온 정책들을 추진하기 시작하였다.

그 정책들은 영국 국민들에게 상당히 고통을 주는 것들이었다. 이에 국민들은 정책을 철회하라고 강하게 요구했지만 마거릿은 조금도 흔들림이 없었다. 몇 년이 지나면서 마거릿의 정책은 조금씩 효과가 나타났고, 영국의 경제 상황이 호전되기 시작하였다.

포클랜드 전쟁과 노조와의 싸움

그즈음 아르헨티나가 영국령 포클랜드를 기습해 점령하는 사태가 발생한다. 마거릿은 이에 강하게 반발하여 마침내 포클랜드 전쟁이 일어나게 된다.

영국은 아르헨티나의 미사일 공격에 고전했으나 강한 군사력으로 아르헨티나 군을 포클랜드에서 몰아내고 전쟁에서 승리했다.

이듬해 이어진 총선거에서 전쟁에서 승리를 거두고 영국의 경제 회복을 이룬 마거릿이 압승을 거둔다. 그리하여 그녀는 두 번째 수상 자리에 오르며 집권 2기를 시작한다.

집권 2기에서 마거릿은 아서 스카길이 이끄는 탄광 노조와 싸움을 시작한다.

그동안 많은 수상들을 사임으로 몰고 간 것이 바로 영국의 노조였는데 특히 아서 스카길이 주도하는 탄광 노조는 강한 위력을 떨치고 있었다. 이런 스카길과의 대결은 마거릿의 정치 생명을 건 모험일 수 있었다.

하지만 마거릿은 경제가 회복되자 자신감을 가지고 싸움에 임했다. 싸움에 대비해 많은 준비를 한 그녀는 1여 년의 긴 싸움 끝에 마침내 탄광 노조의 항복을 받아 내고 노조와의 싸움에 종지부를 찍는다. 실로 철의 여인으로서의 진면목을 보여준 셈이었다.

그동안 영국 내 경제성장의 걸림돌로 작용했던 노조 문제가 해결되자 영국 경제는 한층 더 상황이 좋아져 비로소 영국병이 해소되었다는 평가를 받는다. 수십 년 동안 신음하던 영국이 드디어 훌훌 털고 병상에서 일어난 것이다.

이는 누구보다도 열심히 일을 하며 영국을 이끌어 온 마거릿이 이룬 가장 큰 성과였다.

다우닝가 10번지를 떠나다

1987년, 세 번째 총선에서도 승리한 마거릿의 집권 3기가 시작되었지만 주변 상황은 점차 암울해지고 있었다.

경제가 불황으로 접어들었고, EC라는 유럽공동체에 대한 논의가 활발해졌다. 하지만 마거릿은 EC를 반대해 스스로 고립되는 결과를 초래하였고 국내에도 잘못된 정책을 도입함으로써 국민들로부터 많은 저항을 받았다.

국민들의 저항이 격화되자 마거릿은 1990년에 보수당 대표와 수상 자리에서 물러나며 정치계에서 발을 떼게 된다.

1979년에 처음 수상이 된 이래 장장 11년 동안 영국을 이끌면서 그 누구보다도 영국을 발전시킨 지도자, 결코 끝날 것 같지 않던 영국병을 치료하고 국제무대에서도 영국의 위상을 한껏 드높인 지도자! 그녀가 바로 강철의 여인 마거릿 대처이다.

마거릿 대처의 생애

1925 탄생 10월 13일, 링컨셔 그랜덤에서 식품 잡화점 주인의 둘째 딸 마거릿 힐다 로버츠가 태어나다.

1936 11살 지역에서 가장 우수한 케스트벤 그랜덤 여학교에 입학하다.

1943 18살 옥스퍼드 대학 화학과에 입학, OUCA(옥스퍼드 대학 보수주의 협회)에 들어가다.

1946 21살 OUCA의 회장이 되다.

1947 22살 옥스퍼드 대학교를 졸업한 후 화학 연구원으로 플라스틱 제조회사에 취직하다.

1950 25살 켄트 주 다트퍼드의 보수당 후보가 되어 국회의원으로 출마했으나 떨어지다.

1951 26살 다시 다트퍼드 선거구에서 국회의원에 도전했으나 두 번째에도 떨어지다.
12월, 데니스 대처와 결혼하여 마거릿 대처라는 새 이름을 얻다.

1953 28살 쌍둥이 남매 마크와 캐롤을 낳다.
변호사 시험에 합격하여 법률사무소를 열다.

1959 34살 북 런던의 핀츨리 지역에서 보수당 국회의원으로 처음 당선되다.

1961 36살 연금부의 의회 비서로 임명되다.

1967 42살 보수당의 그림자 내각에 들어가다.

1969 44살　그림자 내각의 교육 장관이 되다.

1970 45살　에드워드 히스가 이끄는 보수당이 집권당이 되자 교육 장관이 되다.

1975 50살　1974년에 보수당이 다시 야당이 된 후 보수당의 새로운 대표가 되다.

1979 54살　보수당이 총선거에서 승리, 영국 최초의 여성 수상이 되다.

1982 57살　4월 2일, 아르헨티나가 포클랜드 섬을 점령하다.
　　　　　　6월 14일, 포클랜드 전쟁에서 영국군이 승리하다.

1983 58살　포클랜드 전쟁의 승리에 힘입어 두 번째 수상직을 이어 가다.

1984 59살　IRA(아일랜드 공화군)의 폭탄공격을 당했으나 목숨을 건지다.

1985 60살　노동조합 위원장 아서 스카길이 이끄는 광부들의 파업을 무너뜨리다.

1987 62살　3월, 영국 수상으로는 12년 만에 소련을 방문, 고르바초프를 만나다.
　　　　　　수상으로서 세 번째 임기를 맞이하다.

1988 63살　5월, 마거릿의 중매로 레이건과 고르바초프가 만나다.

1990 65살　11월, 마지막 연설을 끝으로 보수당 대표와 수상 자리에서 물러나다.

1991 66살　남작 작위를 받고, 상원 의원이 되다.

대통령

국무총리

보좌관

시장

장관

국회의원

홍보비서관

외교관

행정 공무원

경찰관

국제기구 종사자

더 나은 사회를 위해 발로 뛰는 공직자에 대하여

공직자는 국가에 소속되어 국가의 업무를 담당하는 사람으로,
국민을 대신하여 국가 정책을 결정하고 집행하는 일을 담당합니다.
우리나라에는 대통령과 장관, 국회의원, 경찰관 등
많은 직업을 가진 사람들이 공직자에 해당되지요.

공직자는 모두에게 환영받지는 못합니다.
사회에서 더불어 살아가기 위해서는 각자의 의견을 절충하고
때로는 포기해야 하는 부분이 많습니다. 이 과정에서 공직자에게
모두가 원하는 바를 들어줄 수 없는 경우가 생기기 때문이지요.
그럼에도 공직자는 사회의 균형을 바로잡기 위해서
반드시 필요한 직업이랍니다.

여러분들은 공직자가 되고 싶은가요?
어떤 분야에서 활동하고 싶은가요?
그렇다면 모두가 행복한 사회를 만들기 위해
오늘도 동분서주하는 공직자들의 직업 세계를 살펴보기로 해요.

대통령은 공화제 국가에서 최고의 위치를 차지하는 직업입니다. 나라마다 임기와 선출 방식이 다르지만 국민이 직접 투표하거나 의회에서 선출하는 방식이 대표적입니다.

대통령이 되기 위해서는 하급에 속하는 관리에서부터 시작하여 점점 높은 자리로 올라와야 합니다. 그래서 역대 대통령들은 기존에 시장이나 장관, 국회의원 등을 역임한 경험이 많습니다.

대통령은 사회에서 일어나는 모든 일을 꿰뚫고 있어야 하므로 지식과 상식이 풍부해야 합니다. 그리고 위기 상황이 닥쳤을 때 대처 능력도 뛰어나야 합니다.

요즘에는 국제회의에서 대통령이 통역관을 거치지 않고 직접 말하고 듣는 경우가 많습니다. 그만큼 대통령의 실력도 세계화되었다고 할 수 있겠지요.

 이 직업에 꼭 맞는 사람은?

기본적으로 사람을 사랑할 줄 아는 사람이 되어야 하겠지요. 그리고 다른 사람을 충분히 설득할 수 있을 정도로 말솜씨가 뛰어나야 합니다. 또한 사회 전반에 걸쳐 발생하는 일들을 잘 파악하고 지시를 내리는 결단력도 필요하지요.

 이 직업을 갖기 위해 해야 할 일!

고등학교를 졸업하고 대학교에서 법학이나 정치학, 외교학 등을 전공합니다. 그 후, 대학원에서 정치와 관련된 공부를 전문적으로 하거나 국가 공무원이 되는 과정을 거칩니다. 또는 선거를 통해 이름을 알리고 정당에서 입지를 다집니다. 그리하여 최종적으로 대통령 선거에 출마합니다.

국무총리는 대통령의 명령을 받고 각 행정부에 지시를 내리는 대통령의 첫 번째 보좌관이라고 할 수 있습니다. 독자적으로는 명령을 내릴 수 없기 때문에 반드시 대통령을 거쳐야 하지요.

국무총리를 뽑을 때는 청문회를 거칩니다. 그곳에서 국회의원들이 날카로운 질문으로 국무총리의 자질이 될 만한 사람인지에 대해 판단하는 것이지요. 이 과정을 거쳐 국회의원들이 과반수의 지지를 한 사람이 국무총리가 되고, 대통령이 최종적으로 임명을 하게 됩니다.

만약 국무총리가 사고를 당해 임무를 수행할 수 없을 경우에는 부총리가 대신 수행하게 되며, 부총리도 부득이한 사정으로 임무를 수행할 수 없을 때에는 대통령이 지정하는 사람이 대신 업무를 처리하도록 하고 있습니다.

 이 직업에 꼭 맞는 사람은?

대통령을 보좌해야 하므로 다른 사람의 생각과 감정을 빨리 읽을 수 있어야 합니다. 또 어떤 상황에 대한 이해력이 빨라야 하고 사람 사이의 커뮤니케이션이 뛰어나야 합니다.

 이 직업을 갖기 위해 해야 할 일!

고등학교와 대학교를 졸업한 후 대학원에서 자신의 전공을 전문적으로 공부를 한다면 업무를 파악할 때 많은 도움이 됩니다. 또한 국가고시를 치르고 공무원이 되어 정치계에 입문하는 방법도 있지요. 국무총리는 대통령의 신임을 받아야 하므로 추진력 있는 업무로 성과를 달성해야 합니다.

보좌관

보좌관은 정당의 대표, 혹은 국회의원을 옆에서 직접 수행하고 관리하는 여러 가지 행정 업무를 담당합니다.

자신이 보좌하는 정치인의 일정을 관리하고, 약속을 잡습니다. 우편물을 분류하거나 편지를 대신 작성하기도 하지요. 때로는 앞으로의 정치 행보에 대한 기획과 계획을 짜기도 합니다.

보좌관에게 가장 중요한 것은 논리적인 말솜씨와 짧고 간결한 글솜씨입니다. 보고서를 작성하고 대변해야 하는 업무가 아주 많기 때문입니다.

그리고 인맥을 잘 형성하는 것도 중요합니다. 사회 각 계층을 상대해야 하는 일이 대부분이므로 혼자서는 무엇을 어떻게 해야 할지 잘 모를 때가 많습니다. 이럴 때 아는 사람에게 전화 한 통을 거는 것만으로 해결할 수 있다면 아주 좋겠지요?

 이 직업에 꼭 맞는 사람은?

필요한 자료들을 정리하고 분석해야 하고, 늘 일정을 관리해야 하기 때문에 꼼꼼함과 세심함이 필요합니다. 누군가에게 도움을 주는 직업이기 때문에 즉각적인 반응을 보이는 대처 능력도 중요하지요.

 이 직업을 갖기 위해 해야 할 일!

자신이 정치계에서 진출하고자 하는 분야를 우선 결정해야 합니다. 예를 들면 언론이나 외교, 환경, 교육 등이 있는데 자신의 적성에 맞는 학문을 찾아서 전공해야 합니다. 대학 졸업 후에는 인턴 과정을 거쳐서 미리 직업을 체험해 보는 것도 도움이 됩니다.

서울과 인천, 광주, 부산 등을 지방자치단체에 속하는 시라고 하는데, 이곳의 모든 업무를 총지휘하고 책임지는 사람을 시장이라고 합니다. 시장은 시를 대표하고, 주민의 생활에 관계되는 업무와 정부로부터 넘겨받은 업무를 모두 맡아서 하고 있습니다.

시장의 임기는 4년이고, 주민들이 직접 선거를 통해 뽑은 사람이 시장으로 선출되지요.

시장이 되기 위해서는 선거에 출마해야 합니다. 각 정당에 속한 사람들이 정당의 추천을 받아 선거에 출마하는 경우도 있고 사회적으로 인망이 높은 사람들이 국민들의 지지를 받아 출마하기도 합니다. 국민들은 각 후보자들을 살펴보며 이 사람이 시를 위해 얼마나 일하고, 어떤 성과를 낼 수 있는가를 따져서 투표를 하지요.

 이 직업에 꼭 맞는 사람은?

선거에 출마하여 자신감 있게 자기를 표현해야 하기 때문에 긍정적이고 도전적인 사람에게 적당합니다. 그리고 남의 생각을 이해하고 의견을 절충할 수 있는 능력도 필요하지요. 감동적인 연설을 통하여 국민의 마음을 사로잡을 수 있어야 합니다.

 이 직업을 갖기 위해 해야 할 일!

특별한 정규 과정이 필요한 것은 아닙니다. 하지만 보통은 고등학교를 거쳐 대학 교육을 모두 받은 후 사회 각 분야에서 덕망을 쌓아 정치계에 입문합니다. 사람들의 추천을 받아야 하므로 리더십을 잘 발휘하는 것도 중요합니다.

우리나라 정부 부처는 기획재정부, 지식경제부, 농림수산식품부, 문화체육관광부, 국토해양부, 교육과학기술부, 보건복지부, 여성가족부, 행정안전부, 고용노동부, 외교통상부, 통일부, 국방부, 법무부, 환경부로 구성되어 있습니다.

이렇게 많은 각 부에 장관을 한 사람씩 두어 담당하게 함으로써 부서의 업무를 총지휘하고 책임을 지도록 하고 있습니다.

장관은 정규 과정을 거친다고 해서 바로 될 수 있는 것은 아닙니다. 국회의 동의를 얻은 후 대통령이 임명하는 것이기 때문에 누가, 언제 장관으로 임명될지 알 수 없기 때문이지요. 그래서 역대 장관들을 살펴보면 검사와 판사, 또는 국회의원이나 군인 등 출신이 아주 다양하답니다.

 이 직업에 꼭 맞는 사람은?

나라의 중요한 일을 맡아야 하므로 공부를 열심히 해서 학식을 쌓아야 합니다. 그리고 선후배들을 많이 알아야 업무에 도움을 받을 수 있으므로 인맥을 잘 형성해야 하지요. 그리고 무엇보다도 공명하고 청렴한 마음으로 국민을 위해 일한다는 생각을 가져야 합니다.

 이 직업을 갖기 위해 해야 할 일!

행정 고등고시에 합격한 다음 차관까지 밟아 올라간 후 장관으로 승진되는 것이 기본 과정입니다. 보통은 국회의원 등의 정치인들이 장관이 되곤 하지만 요즘에는 다양한 직업 경로를 거쳐 정치계에 입문한 사람들이 장관으로 임명되는 경우도 있습니다.

국회의원은 나라의 법을 만들고 국가 경제를 단속하는 일을 합니다. 기본적으로 모든 국민이 행복하게 잘 먹고 잘 살 수 있는 방법을 고민해야 하기 때문에 국민이 내는 소리에 항상 귀 기울여야 하겠지요.

국회의원은 국민의 사랑을 먹고 삽니다. 왜냐하면 국민의 소중한 한 표로 국회의원이 탄생하기 때문입니다. 때문에, 국회의원은 약한 사람을 보호해 주고 강한 사람을 더욱 튼튼하게 유지시켜 주어 모든 사람이 즐거운 사회를 만들어야 합니다.

다른 공직자들과 마찬가지로 국회의원은 공무원이기 때문에 일부 혜택이 있습니다. 국가로부터 승용차와 기사를 제공받고, 식사비용과 사무실 운영비 등의 활동비를 지급받지요. 이 모든 혜택은 국민의 세금으로 이루어지는 것이니 국회의원은 국민을 위해 더욱 열심히 일해야겠지요?

 이 직업에 꼭 맞는 사람은?

국민이 내는 작은 소리도 지나치지 않고 들을 줄 아는 마음씨를 가져야 하고, 국민에게 당당히 자신의 주장을 펼 수 있는 용기가 있어야 합니다. 그리고 논리 정연한 말솜씨가 있다면 더욱 좋겠지요.

 이 직업을 갖기 위해 해야 할 일!

고등학교를 거쳐 대학 과정을 마친 후 국회의원 선거에 출마를 합니다. 국회의원으로 당선이 되면 본격적인 활동을 할 수 있습니다.

하지만 요즘은 국회의원이 될 수 있는 방법이 다양합니다. 시의원과 구청장 등 공직에서 일하면서 기초를 다진 후에 국회의원이 되는 사람도 있고, 교수나 변호사 등의 전문직에 종사하면서 공부를 한 후 국회의원이 되는 경우도 있습니다. 또한 노동 운동과 환경 운동 등의 활동을 하다가 국회의원으로 진출하는 길도 있지요.

홍보비서관은 대통령이나 정부의 입장을 국민들에게 알리고 우리나라에 대한 좋은 이미지를 선보이는 역할을 합니다. 대통령의 측근이라고 할 수 있지요.

우리나라와 정부를 알리기 위해 홍보비서관은 다양한 활동을 합니다.

대통령과 정부 고위 관료들의 정책과 입장을 잘 정리한 다음 어떻게 효과적으로 사람들에게 알릴 것인지를 계획합니다. 그 후 정부의 행보에 관한 보도자료를 만들고, 정부의 정책이 어떻게 국민에게 이득을 가져다주는지를 설명합니다. 혹시 국민이 납득하기 힘든 정책을 알리는 경우 세계 여러 나라들의 동향을 살피고 미래를 예측하여 논리적으로 이해시켜야 합니다.

그 외에도 미디어 광고와 해외 출장을 통해 정부 정책과 국가 이미지를 홍보하기도 합니다.

 이 직업에 꼭 맞는 사람은?

각종 자료를 이용하여 홍보를 해야 하기 때문에 정보를 습득하는 데 능숙해야 하고 자신감을 가져야 합니다. 그리고 사람들에게 홍보 내용에 대한 신뢰를 주어야 합니다.

 이 직업을 갖기 위해 해야 할 일!

고등학교를 거쳐 대학교에서 경영학, 신문방송학, 언론정보학 등을 전공하면 도움이 됩니다. 기본적으로 사람들 앞에서 당당히 말하는 연습도 해야 하지요.

외교관은 해외에서 우리나라를 대표하는 중요한 역할을 합니다. 국가의 이익을 실현하고, 다른 나라와의 관계를 평화롭게 지속해야 하기 때문에 우리나라의 이미지를 결정한다고 해도 과언이 아닙니다.

우리나라 외교부는 146개의 해외 공관을 가지고 있는데 이중에서 대사관이 104개, 총영사관이 39개, 대표부가 3개입니다. 외교관은 세계를 돌아다니면서 이렇게나 많은 공관에서 일을 해야 합니다.

지구촌을 다니며 세계를 무대로 일을 한다는 것은 생각만 해도 멋지고 흥미진진하지요. 하지만 때로는 가고 싶지 않은 나라를 가야 할 때도 많습니다. 전쟁이나 시위로 생명에 위협을 줄 수 있는 나라들이 바로 그 예이지요.

하지만 외교관은 조국에 대한 투철한 사명감을 가지고 다른 나라에 조국의 위상을 알린다는 신념으로 열심히 일해야 한답니다.

 이 직업에 꼭 맞는 사람은?
세계 곳곳을 돌아다녀야 하기 때문에 새로운 환경에 잘 적응해야 하고, 처음 보는 낯선 사람을 친근하게 대할 줄 알아야 합니다. 그리고 여러 곳을 돌아다니게 되면 미처 예상치 못한 상황이 발생하게 되는데, 이에 대한 대처 능력이 빠른 사람이면 더욱 유리하겠죠?

 이 직업을 갖기 위해 해야 할 일!
정규 고등학교 과정을 거친 후 대학교에서 정치외교학과 등을 전공합니다. 그리고 졸업 후 외무 고시를 통해 외교부에 들어가는 방법이 있습니다.

시청이나 구청, 동사무소 등에서 일하는 행정 공무원은 시민들에게 정보를 주고, 행정 절차에 관해 도움을 줍니다.

행정 공무원은 출생과 사망 신고를 등록해 주고, 출생증명서와 혼인증명서, 가족관계증명서 등 민원서류를 발급해 주지요.

경제적으로 어려운 사람들에게는 생계 보조금을 받을 수 있도록 도움을 주고, 개인이나 기업의 건축 허가를 접수해서 혹시라도 법에 어긋나지 않는지 꼼꼼히 심사합니다.

예전에는 공무원이 평생 동안 보장되는 직업으로 각광받았지만 요즘은 독창적인 생각과 자기 계발을 해야 하는 직업으로 변하고 있습니다.

 이 직업에 꼭 맞는 사람은?

국민에게 봉사하는 마음과 청렴하고 성실한 자세가 필요합니다. 공무원은 조직 문화가 강하기 때문에 조직 내에서 남의 말을 잘 귀담아듣고 수용할 줄도 알아야 합니다.

 이 직업을 갖기 위해 해야 할 일!

고등학교 졸업 후 대학 진학과 상관없이 공무원 시험을 볼 수 있습니다. 공무원 시험에 합격하면 해당 관공서에서 근무를 시작합니다. 요즘 공무원 시험은 경쟁률이 높아 힘들기 때문에 더욱 열심히 시험 준비를 해야 합니다.

시민을 보호하고 공공질서를 유지시키는 경찰관의 업무는 다양한 분야로 나뉘어 있습니다.

수사과와 형사과에서는 범인을 잡고, 교통과에서는 교통사고를 조사합니다. 생활 안전과에서는 담당 구역을 맡아 순찰을 돌며 이상이 없는지 살피고, 청문 감사과에서는 감사와 감찰을 맡습니다. 정보과에서는 집회나 시위가 있을 때 중재를 하고, 경무과에서는 홍보를 담당하지요.

인터넷을 비롯한 네트워크가 발달한 요즘에는 사이버 수사대에서 사이버 범죄를 해결하고 있습니다. 사이버 범죄는 사이버 테러형 범죄와 일반 사이버 범죄로 나뉩니다.

사이버 테러형 범죄는 해킹이나 바이러스 유포와 같이 고도의 기술로 정보 통신망을 공격합니다. 또, 일반 사이버 범죄는 전자 상거래 사기와 프로그램 불법 복제, 불법 사이트 운영, 개인 정보 침해 등을 하지요.

사이버 범죄가 발생했을 경우 사이버 테러 대응 센터인 www.netan.go.kr을 통해 신고하면 도움을 받을 수 있습니다.

 이 직업에 꼭 맞는 사람은?

범인을 잡는 위험한 일과 밤을 새기도 하는 고된 작업을 모두 견디려면 강인한 정신력과 체력이 반드시 필요합니다. 그리고 항상 강직하고 공명한 직업 정신이 있어야 하겠지요?

 이 직업을 갖기 위해 해야 할 일!

고등학교 졸업 후 대학 진학을 하지 않아도 국가에서 시행하는 경찰 시험에 응시할 수 있습니다.

국제기구 종사자

국제기구는 유엔(UN)이나 유니세프 등 세계의 어려운 이웃들을 찾아다니며 도움을 주는 기관입니다. 그곳에서 일하는 사람들은 아이들이 굶지 않고 교육을 잘 받을 수 있도록 도움을 주기도 하고, 자연재해가 발생한 지역을 찾아가 긴급 구호 사업을 진행하기도 하지요. 또, 잊힌 사건들을 다시 조사하여 피해를 받고 있는 사람들에게 도움을 주고 그들을 변화시키기도 합니다.

특히, 유니세프는 친선 대사라는 제도가 있는데, 세계의 유명한 문화 예술인과 스포츠 스타 등이 유니세프 사업에 참여하도록 합니다. 친선 대사들은 각자 맡은 분야에서 유니세프를 홍보하고 지원하며, 현지를 시찰하기도 하고, 자선 행사를 벌이기도 하지요.

 이 직업에 꼭 맞는 사람은?

어려운 사람을 돕는 것을 좋아하며 남의 생각을 잘 이해하는 사람에게 적당합니다. 가난하게 사는 난민들을 돌보려면 온갖 힘든 일도 이겨내야 하므로 긍정적이고 도전적인 성격을 갖고 있다면 더욱 좋을 것입니다.

 이 직업을 갖기 위해 해야 할 일!

특별히 거쳐야 할 정규 교육 과정은 없습니다. 다만 난민들의 실태를 잘 이해하려면 그들에 대한 연구를 많이 해야 하므로 문헌 정보학이나 외교학을 전문적으로 공부하면 좋습니다. 그리고 틈 날 때마다 자원 봉사를 하고 국제기구를 체험하는 프로그램을 경험해 보는 것도 필요하지요.

살기 좋은 사회를 만드는 정치 이야기

정치는 우리가 사회의 일원으로 살아가기 위해 반드시 필요한 사회 활동이다. 몇 살부터 학교에 다녀야 하는지, 공공장소에서는 어떤 규칙을 지켜야 하는지, 내 물건과 다른 사람의 물건이 무엇인지 등을 결정하고 지켜야 하는 것이 바로 그것이다.

만약 정치가 이 세상에 없다면 어떤 일이 벌어질까?
사람들은 정해진 제도와 규칙을 지키려 하지 않을 것이다. 의무적으로 거쳐야 하는 초등교육을 받을 필요가 없기 때문에 아이들은 학교에 가지 않을 것이고, 남의 물건을 뺏으면 안 된다는 법이 없기 때문에 사람들은 무분별하게 도둑질을 할 것이다. 이것은 사회 발전을 방해하는 행동이며, 더 나아가서는 질서를 어지럽혀 결국 인간의 삶이 엉망으로 변할 것이다.

이렇게 정치는 우리의 생활 곳곳에 깊숙이 자리 잡고 있다. 우리의 모든 활동에 중요한 역할을 하는 정치를 살펴보면서 현재를 파악하고 미래를 대비해 보자!

1. 정치가 존재하지 않았던 원시 시대

정치가 없었을 때는 사람들이 신을 중심으로 자신의 생각과 감정을 표현했다. 태양을 신으로 숭배하는 사람들은 태양이 뜨고 지는 것에 따라 인간이 어떻게 행동해야 하는지를 결정했고, 동물을 신으로 숭배하는 사람들은 동물의 습성에 따라 인간의 행동을 규정지었다.

아주 원시적인 형태이지만 신을 절대적인 기준으로 놓고 나름대로 옳고 그름을 정했다는 것에서 사람들의 필요에 따라 생긴 합리적인 방식이라고 할 수 있다.

2. 최초로 정치를 만든 고대 그리스 시대

고대 그리스 사람들은 도시 자체가 독립적인 나라를 이룬 도시 국가 속에서 살았다. 좁은 공간 속에서 서로의 영역을 침범하지 않으면서 조화롭게 살기 위해서는 반드시 정치가 필요했다. 그래서 도시 국가 중심부에는 '아고라'라는 시민광장이 생겼고, 사람들은 이곳에 모여서 정치를 하기 시작했다. 모든 결정은 시민들이 100% 찬성해야만 통과될 수 있었기 때문에 상대방을 설득하기 위해서 논리적인 생각을 펴야 했다. 이것이 정치 이론의 시초이다.

그리스의 위대한 철학자인 플라톤과 아리스토텔레스가 특히 많은 정치 이론을 폈다.

- 플라톤(B.C.428~B.C.347)

고대 그리스의 철학자 소크라테스의 제자인 플라톤은 영원히 변하지 않는 개념인 이데아(Idea)를 주장했다. 영원불변의 이데아 세계를 통해 사람들은 서로를 존중하며 살 수 있다는 것이다. 그는 평생을 정치와 철학에 대해 논의하면서 교육기관인 아카데미아를 세워 많은 청년들에게 가르침을 주었다.

- 아리스토텔레스(B.C.384~B.C.322)

아리스토텔레스는 17살 때 아카데미아에 들어가서 스승인 플라톤이 죽을 때까지 그에게 가르침을 받았다.

하지만 이론적으로는 스승과 다른 주장을 폈다. 아리스토텔레스는 우리 주변의 자연물들을 있는 그대로 존중하되 이것이 왜 인간에게 지배받아야 하는지 그 원인을 밝히려고 했다. 그러면서 이상주의적인 플라톤과는 달리 현실적인 이론을 펼쳐 나갔다.

3. 왕을 중심으로 정치를 시작하는 중세 시대

사람들에게 제일 이상적인 정치를 실현하기 위해서 여러 가지 제도들이 생겨나게 된다. 이러한 고민들을 거듭하여 중세시대에는 왕이 정치를 펼치기 시작했다.

- 과두 정치

우두머리 몇 명이 모여서 그 집단이 펼치는 정치 제도이다. 9~10세기 사이에는 명망 있고 부유한 귀족 가문들이 우두머리로 뽑혀서 권력을 나누어 갖고 그중에서 왕을 뽑았다. 대표적인 예로 프랑스의 카페 가문이 귀족들의 지지를 받아 왕조가 되었다. 이것이 카페 왕조의 시초가 되어 약 300년 동안 프랑스를 다스렸다.

- 군주 정치

세계적으로 가장 오랜 시간 동안 지속되었던 정치 제도로, 대부분의 동물들이 하나의 우두머리를 따르듯이 백성들도 하나의 군주를 섬기는 구조이다. 군주는 백성들을 돌보며 나라를 발전시켜야 하는 중요한 위치에 있기 때문에 왕을 신처럼 받들어야 했다.

대신 왕을 모시며 조언을 하는 신하들이 왕이 잘못된 정치를 할 때 바로잡아 주기도 했다. 신하들은 귀족과 성직자, 때로는 평민을 대표하는 의원들이었다. 왕이 언제나 올바른 판단을 한다는 보장이 없으므로 이들을 통해서 정책의 균형을 맞춰 나갔다.

하지만 오늘날의 군주 정치 제도인 입헌군주제는 옛날처럼 우두머리 한 명이 절대적인 권력을 가지고 있지 않다. 그저 왕이나 여왕으로 나라를 상징할 뿐, 통치는 정치인들이 주로 맡아서 한다. 대표적인 나라로는 영국, 스페인, 네덜란드, 벨기에, 일본 등이 있다.

- 전제 정치

왕의 권력이 가장 강력하게 움직이는 정치 제도로, 왕이 모든 정치적 결정을 내릴 수 있다. 프랑스의 태양왕 루이 14세는 "짐은 곧 국가이다"라고 말할 정도로 절대 권력을 강조했고, 독일의 히틀러 역시 그의 말 한마디로 세계 대전이 일어날 정도로 엄청난 권력을 가지고 있었다.

우리나라에서도 오래전부터 왕권이 존재했다. 고려 시대에는 14세기 후반에 이르러서 높은 벼슬을 가진 귀족들이 왕의 권력을 약화시키며 나라를 지배하다시피 했다. 하지만 조선 왕조에 이르러서는 태조 이성계에서부터 마지막 임금인 순종까지 27명의 왕이 519년 동안 왕권을 유지했다. 대부분 절대적인 왕권을 이어나갔지만 신하들의 의견들을 함께 듣고 논의하는 정치 제도를 실행하기도 했다.

4. 정치 방향이 서로 대립하던 근대

근대는 정치적으로 아주 불안하던 시기이다. 자유를 강조하는 자본주의와 자유주의, 혁명과 평등을 원하는 사회주의와 공산주의, 그리고 극단적인 정책을 주장하던 무정부주의와 전체주의가 있었다.

- 자본주의와 자유주의

자본주의는 기본적으로 개인의 재산을 인정한다. 18세기 후반에 발생한 산업혁명 이후로 성장한 자본주의는 개인이 돈을 벌어 스스로 자유롭게 쓸 수 있다는 생각을 기반으로 한다.

이러한 제도는 개인에게 돈을 벌어야 하는 동기를 부여하기 때문에 열심히 노력하며 살 수 있도록 유도하지만 기본적으로 사람이 태어나면서 가지는 재산 자체가 다르기 때문에 그 차이로 인해 부자를 더욱 부자로 만들고, 가난한 사람을 더욱 가난하게 만드는 단점이 있다.

자유주의는 말 그대로 자유를 강조하는 제도이다. 국가가 개인에게 행사하는 권력을 최대한 줄이고 개인이 각자 알아서 삶을 유지하도록 하고 있다. 국가가 하는 일은 오로지 모든 사람이 법 앞에 평등하도록 보장하고, 표현의 자유와 양심의 자유 등 모든 자유를 보호하는 것이다. 이러한 이론은 미국 혁명, 프랑스 혁명, 영국 혁명에서 많은 영향을 받았다.

자유주의를 주장한 사람들

뱅자맹 콩스탕 (1767~1830년)

스위스 출신의 프랑스인 콩스탕은 나폴레옹이 왕의 권력을 함부로 남용하는 것에 맞서 개인의 자유를 보호하는 것이 국가가 존재하는 이유라고 주장했다.

그는 나폴레옹이 정치에서 물러난 뒤 다시 왕이 프랑스를 다스리던 시대에 자유당 고위층 인사 가운데 한 명이 되었다.

아담 스미스(1723~1790년)

'보이지 않는 손'을 주장한 스미스는 국가가 간섭하지 않아도 사회는 보이지 않는 손의 영향으로 충분히 발전한다고 주장했다. 경제 시장은 스스로 조직을 이끌고, 국가가 많은 경제 성장을 한 만큼 국민들도 그 부를 얻을 수 있다는 것이다.

- 사회주의와 공산주의

사회주의는 자본주의의 반대되는 개념으로, 모두가 평등한 사회를 이루고자 한다. 자본과 기계 등의 생산 방식이 나라와 공공기관에 속하기 때문에 나라가 직접 관여하여 자본의 흐름과 생산 방식을 조정할 수 있다.

이것은 자본주의에서 생겨나는 '빈익빈 부익부' 현상을 해결할 수 있고, 모든 사람들이 불공정한 사회와 빈곤한 삶에서 벗어날 수 있는 장점이 있다.

자본주의는 개인의 재산을 인정하기 때문에 돈이 많은 기업들이 자신들의 경제적 힘으로 나라의 경제 자체를 휘두를 수 있는 위험성이 있다. 이러한 단점을 막고자 공산주의는 국가가 직접 개입하여 기업들이 횡포를 막고 국민들을 고루 잘 살게 하도록 운영하려고 한다.

하지만 공산주의는 사회의 계층을 두지 않고 모든 사람들이 평등하게 살아가는 제도이기 때문에 사람들이 굳이 노력하지 않아도 기본적인 삶은 유지된다. 이것은 사람들을 의욕 저하와 나태함으로 빠뜨릴 위험이 있으며, 더 나아가 나라의 경제를 무너뜨릴 수도 있다.

사회주의를 주장한 사람들

프랑수아 바뵈프(1760~1797년)

그라쿠스 바뵈프라고도 하는 그는 영주의 지배 아래에서 힘들게 일하는 농민들을 불쌍하게 여겼다. 1789년 프랑스에서 발표한 인권 선언에서 인권 선언만으로는 농민들의 굶주림을 달랠 수 없다고 하면서 봉건제도를 완전히 폐지하고 토지를 비롯한 모든 생산물을 국가가 평등하게 분배해 주어야 한다고 주장했다.

카를 마르크스(1818~1883년)

계급투쟁 이론을 발전시킨 마르크스는 사회가 서로 반대되는 두 계급으로 나누어져 있기 때문에 불의가 생긴다고 했다. 부르주아 즉 자본가 계급이 생산 수단을 소유하기 때문에 프롤레타리아인 노동자 계급은 살아가기 위해 자신의 노동을 팔고 착취당할 수밖에 없다고 주장했다.

그는 노동하는 사람들이 권력을 가지기 위해서는 혁명이 필요하다고 강조했다.

블라디미르 일리치 울리야노프(1870~1924년)

레닌이라고도 불리는 그는 러시아에서 마르크스의 이론을 발전시켰다. 1917년 2월에 러시아에서 혁명이 일어났는데, 그는 이 혁명을 '부르주아에게 권력을 넘겨준 첫 단계'라고 표현했다. 혁명의 2단계는 '프롤레타리아의 손으로 권력을 넘거주는 단계'이고, 이러한 방향으로 나가야 한다고 했다.

203

- 무정부주의와 전체주의

무정부주의는 국가를 없애야 한다는 주장이다. 국가 없이도 개인은 자유롭게 사회 질서에 맞춰 삶을 영위할 수 있다고 말한다. 이것은 처음에 사회주의나 공산주의와 관계가 있었지만 노동자 계급이 사회를 주도한다는 사회주의에 반대하면서 다른 방향으로 나가기 시작했다.

무정부주의를 주장한 사람들

프루동(1809~1865년)

프랑스의 사회주의자인 프루동은 '무정부 상태는 성숙한 사회를 만들기 위한 조건이지만 계급과 계급을 만들어 내는 국가는 원시적인 사회'라고 주장했다.

바쿠닌(1814~1876년)

러시아의 혁명가인 바쿠닌은 급진적인 무정부주의자이다.

사회는 지배자와 피지배자로 나뉘는데, 지배자가 자신의 권력을 인정받기 위해서는 국가가 필요하다고 했다. 이렇듯 국가는 곧 사회 계층을 만들어 내기 때문에 마르크스의 주장처럼 몇몇 사람들에 의한 혁명이 아니라 국민 전체에 의한 혁명이 필요하다고 주장했다.

전체주의는 국가를 절대적으로 인정한다. 국가는 자신에 반대하는 어떤 것도 받아들이지 않고 개인의 자유와 권리도 인정하지 않는다. 즉, 개인의 행동뿐 아니라 생각까지도 지배하려고 드는 전체적 독재 체제이다.

20세기에 특히 전체주의 국가들이 많았다. 독일에서 히틀러가 이끈 나치 정권과 소비에트 연방에서 스탈린이 이끈 공산주의 정권이 바로 그것이었다. 또 이탈리아에서 무솔리니가 이끈 파시스트 정권도 있었다.

이러한 정권들은 모두 한 명의 지배자를 절대적으로 따르고 정당이 하나밖에 없었다. 그들은 비밀경찰과 강제 수용소를 두어 지배자의 결정에 반대하는 이들을 처형하기도 하고, 소수민족들을 대량 학살하기도 했다.

전체주의를 비판한 사람들

한나 아렌트(1906~1975년)

독일의 나치를 피해서 미국으로 건너간 독일 태생의 유태인인 그녀는 전체주의를 강력히 비판했다. 전체주의가 발생한 요인은 바로 개인의 정치의식이 약했기 때문에 국가의 지배를 맹목적으로 따르는 개인에게 있다고 주장했다.

조지 오웰(1903~1950년)

영국의 소설가인 그는 〈동물농장〉이라는 소설을 통해서 소련의 전체주의를 비판했다. 소련의 지도자 스탈린이 전체주의라는 이름 아래, 독재 정치를 펴고 있는 현실과 민중들이 억압받는 현실을 적나라하게 표현하면서 전체주의를 극복할 대안도 함께 제시했다.

5. 다양한 정치 제도를 도입하는 현대

아테네는 시민들이 차례대로 돌아가며 도시 국가를 다스리는 정치를 했다. 오늘날은 인구 수가 너무 많아서 불가능하기 때문에 대표자를 뽑아 그 대표자가 의사 결정을 내리도록 하고 있다. 이것을 위해 사람들은 몇 년에 한 번씩 투표를 하는 것이다.

하지만 요즘은 정치에 관심 없는 사람들이 늘어 기권을 하는 표들이 많이 생겨나고 있다. 투표는 나라의 중요한 일을 결정할 사람을 뽑는 것이기 때문에 나라의 운명을 결정짓는다고 해도 과언이 아니다. 나라의 앞날을 지휘하려면 투표는 반드시 필요한 것이다.

- 한국과 미국의 대통령제

왕이 존재하지 않는 국가에서 대통령 한 사람이 통치권을 가지고 있는 형태이다. 대통령을 중심으로 행정부를 구성하고 나라의 살림을 관리한다.

대통령제에서는 선거를 통해 대통령을 뽑는다. 우리나라처럼 국민들이 직접 선거를 하여 뽑는 경우도 있고, 국민들이 투표를 하여 뽑힌 선거인단이 다시 선거를 해서 대통령을 뽑는 간접 선거도 있다.

- 영국과 일본의 의원내각제

왕이 존재하는 국가에서 왕은 나라를 상징하는 존재일 뿐 정치에는 관여하지 않는다. 가끔 의원내각제의 국가에서 대통령이 있기도 하지만 이 경우에도 대통령은 통치권을 갖지 않는다. 대신 의회에서 정치에 관한 업무를 맡는다.

의원내각제는 국회에서 다수를 차지하는 정당에서 대표자를 선출한다. 이 대표자는 총리 또는 수상이 되어 나라의 주요 정책들을 결정한다. 대통령제의 대통령 역할과 비슷하다고 볼 수 있다.

- 프랑스의 이원집정부제

대통령제와 의원내각제의 기능이 합쳐진 정부 형태이다. 평상시에는 총리 또는 수상이 권력을 갖고 나라를 통치하지만 비상시에는 대통령이 모든 권력을 행사하는 경우가 있다.

국민의 직접 선거로 뽑힌 대통령이 의회의 동의를 얻어 총리를 지명할 권리를 가지고, 의회를 해산시킬 권리도 갖는다. 반대로 총리가 이끄는 의회가 대통령이 소속된 정부를 해산시킬 수도 있다.

행정 업무가 마비되지 않도록 하기 위해 대통령과 총리의 임기는 모두 같다. 그리고 대통령과 총리가 같은 정당에 소속되어야 업무를 효율적으로 할 수 있기 때문에 그렇게 되도록 선거를 진행한다.